湖北民族大学学术著作出版基金资助

# 现代大规模电网经济调度算法与实践

梁会军　编著

机械工业出版社

本书介绍了基于确定模型的经济调度的基本概念，并由此引出基于数据驱动的经济调度，重点介绍了单目标、多目标经济调度，以及在大规模复杂系统中如何有效进行调度与决策。本书主要内容包括绪论、电力系统经济调度建模、含随机风能的电力系统经济调度研究、大规模电力系统多目标经济/排放调度研究、含电动汽车 V2G/G2V 功能的动态经济/排放调度研究、融合代理模型的自适应蝙蝠算法求解大规模经济调度研究、多区域联合经济/排放调度问题的数据驱动优化方法研究。

本书可作为电力系统调度相关领域科研人员以及电力企业相关人员的参考用书，也可作为电力系统自动化专业的教材。

**图书在版编目（CIP）数据**

现代大规模电网经济调度算法与实践／梁会军编著．

北京：机械工业出版社，2025. 3． -- ISBN 978-7-111-77884-4

Ⅰ．F407.61

中国国家版本馆 CIP 数据核字第 202523C3M5 号

机械工业出版社（北京市百万庄大街 22 号　邮政编码 100037）

策划编辑：王振国　　　　　　　责任编辑：王振国　赵晓峰
责任校对：王荣庆　张亚楠　　封面设计：陈　沛
责任印制：常天培
固安县铭成印刷有限公司印刷
2025 年 4 月第 1 版第 1 次印刷
184mm×260mm · 9.25 印张 · 193 千字
标准书号：ISBN 978-7-111-77884-4
定价：39.80 元

电话服务　　　　　　　　　　　网络服务

客服电话：010-88361066　　　　机　工　官　网：www.cmpbook.com
　　　　　010-88379833　　　　机　工　官　博：weibo.com/cmp1952
　　　　　010-68326294　　　　金　书　　网：www.golden-book.com
**封底无防伪标均为盗版**　　　机工教育服务网：www.cmpedu.com

# 前 言

目前，全球能源供应日益紧迫，对电力系统而言，在保障负荷供给的前提下，采用合理的调度策略不仅能减少发电成本，也能减少环境污染。在未来将实现全球能源互联互通，这也为推进全球新能源发展指明了方向。而随着电力系统的不断扩张，新的挑战也逐渐凸显，那就是随着电网的规模越来越大，其操作也越来越复杂。目前关于电力系统经济调度的研究较多，基本以确定型目标函数为研究对象，主要包括发电成本和污染气体排放两个指标；解决思路以智能优化算法为主，也有少数研究使用分布式优化方式。因此，研究新形势下的电力调度策略具有重要的现实意义，本书即是基于此的研究成果。

本书的研究内容分为两部分，一部分依靠确定型目标函数，通过改良现有的蝙蝠算法来实现更经济、更环保的单目标和多目标经济调度方案；另一部分则研究大规模系统的经济调度，由于这类系统维度高，一般算法较难给出令人满意的可行解，甚至难以执行优化过程。本书提出数据驱动的解决方案，将大规模系统的经济调度目标函数用代理模型进行替代，这样在保证结果可靠性的前提下，可以大幅减少优化算法中拟合函数的评估时间，从而实现对大规模系统的经济调度，为未来电网提供调度决策依据，并为未来能量流与信息流的联合调度提供技术支撑。基于数据驱动的优化方案为电力系统经济调度提出了一种全新的解决思路和思维模式，希望本书可以起到抛砖引玉的作用，为研究人员提供一种全新的研究思路，并为新型电力系统的建设添砖加瓦。

本书特别注重数学基础知识的应用，是编著者多年来从事国家自然科学基金项目（62163013，61703237，61603217，61374028，61325016），以及湖北省自然科学基金项目（2021CFB542）研究成果的总结，在此，特向国家自然科学基金委员会、湖北省科学技术厅表示衷心的感谢。同时，也感谢湖北民族大学学术著作出版基金对本书出版的大力资助。

由于编著者水平有限，对基于确定模型和数据驱动方法的电力系统经济调度研究尚不够深入，书中的研究成果仅为编著者多年来将所研究算法应用于经济调度后获得的初步成果，其中难免存在疏漏，与电力部门的实际调度要求或许存在一定差距，这些将是今后编著者努力研究的方向。敬请读者批评指正。

编著者

# CONTENTS

# 目录

# 第1章

# 绪　　论

## 1.1　电力系统经济调度概述

化石燃料作为不可再生的重要资源，在全球能源供应中占据举足轻重的地位，特别是在电力供应中，煤炭仍然是当前电力的主要来源。然而，随着全球范围内人们对环境保护的日益重视，以及对化石能源枯竭的忧虑，不同形式的可再生能源逐渐得到开发和利用，而且比重日益增加。因此，多种形式的能源共存、可再生能源的占比逐渐增加注定是将来一段时间内全球能源发展的大趋势。

新形式能源的出现，可以减缓当前化石能源的消耗速度，但同时也给电网带来了全新的冲击和挑战。其中一个重要问题是，在保证正常负荷供给的前提下，如何合理分配各种不同形式的能源，从而使得系统的发电成本最小。特别是在当今的经济全球化背景下，能源价格波动频繁、用电负荷波动剧烈、负荷形式的多样化和随机性等客观因素更是加重了电力调度的难度。

电力系统经济调度不仅与各种能源形式有关，而且与实施调度的优化算法密切相关。电力系统的发电成本主要受发电机类型、负荷大小、网络损耗和各种约束条件等的影响，因此呈现不连续、非凸等非线性特性，这使得目标函数可能含有多个局部最优点，且很多算法难以提供优质解。此外，随着电网规模的增大，高维度特性也严重恶化了优化算法的求解结果，并急剧增加了算法的求解时间，可能导致算法在规定的时间范围内得不到希望的解。因此，研究性能更好的优化算法极具现实意义。

电力系统经济调度在提出之初是一个单目标优化问题，它指在满足一系列约束条件的情况下，合理分配所有参与调度的发电机的出力，以实现发电成本的最小化，约束条件主要包括发电机出力上下限约束、系统供需平衡约束、潮流约束和爬坡约束等。而随着环境问题的日益严峻，污染气体排放也作为另一个因素被考虑进来，形成了经济/排放调度问题，它以同时确保调度的经济性和最小化污染气体排放量为优化目标，属于典型的多目标优化问题。在本书中，为了表述方便，将上述两个方面的研究统称为经济/排放调度。

当前，经济调度依据研究目标大致可分为以下三类：

1）单目标优化：研究对象主要有火电机组、可再生能源和微电网等，或者为它们之间的组合研究。

2）将多目标转化为单目标：常见的有使用权重和法将多目标优化转化为单目标优化问题、使用价格惩罚因子与权重和法将多目标优化转化为单目标优化问题等。

3）多目标经济调度：主要为使用优化算法求得经济/排放调度的帕累托最优前沿。

在单目标优化问题中，相关研究主要围绕火电机组、可再生能源和微电网展开。传统的经济调度问题围绕火电机组的发电成本开展研究，例如含阀点效应（Valve-Point Effect）的经济调度问题、动态经济调度问题（即连续时间段的经济调度问题）、考虑电压稳定性的经济调度问题、考虑网络损耗最小的经济调度问题等。

随着能源与环境问题越来越受到社会的重视，作为未来能源体系的重要组成部分，可再生能源也被加入到经济调度的研究当中。与传统的发电方式不同，可再生能源与生俱来的随机特性为电力部门的调度造成了极大的困难，因此含可再生能源的经济调度问题也是当前的研究热点。对于含风能预测误差的经济调度问题，可以将风能直接装机成本和风能预测误差风险造成的损失都包含到目标函数中；对于考虑系统备用约束和电网安全约束的经济调度问题，可以使用机会约束（Chance Constraint）来让所研究的问题更符合实际情况，同时，机会约束也可以用来描述风能、太阳能等可再生能源的随机特性。当前，经济调度的思路也被延续到了求解微电网经济调度的问题中，分布式优化是最常见的优化方法。这种方法将每个参与调度的发电机看作智能体（Agent），而智能体之间只能与其邻居进行通信，同时使用一致性方法来求解所研究的问题。例如对于含 CHP（Combined Heat and Power）的微电网经济调度问题，可将每台发电机都视作一个独立的智能体；对于含可再生能源发电的微电网经济调度问题，其可再生能源的时变特性、电价和负荷需求均可以被视作独立的智能体。

在多目标经济/排放调度问题中，主要把发电成本和污染气体排放量两个指标作为优化目标。而处理此类问题的方法基本分为两类，一类是将多目标优化问题转化为单目标优化问题，其中权重和法被广泛用于融合以上两个优化目标，其通过改变权重 $\omega$ 来给出帕累托最优前沿；另一类是使用多目标优化算法来实现，其研究对象包括传统火电机组、火电机组与可再生能源、火电机组与电动汽车、微电网等。对于传统的多目标经济/排放调度问题，基于种群、遗传和分解等的多目标优化方法被用来实现优化求解，针对考虑需求侧管理（Demand Side Management）的经济/排放调度问题，上述方法更为适用。以上问题的研究都是针对单个区域进行的，而随着电力系统规模的扩张，研究多区域经济/排放调度问题的重要性逐渐凸显。例如含梯级水电站、风力发电和光伏发电的多区域动态经济/排放调度问题等。电动汽车作为未来电网的重要组成部分，也得到了学者们的广泛关注。未来电网必然要承受大规模的电动汽车充电问题，从电网能承担的最大电动汽车数量这一研究角度出发，综合考虑电动汽车无控制充电行为和考虑 Vehicle to Grid（V2G）的充电两个方面的经济/排放调度问题显得尤为重要。作为电网的一个重要组成部分，微电网的经济/排放调度问题也得到了关注，例如含热电联产的微电网经济/排放调度问题，含可再生能源的微电网经济/排放调度问题等。

## 1.2 电力系统经济调度的主要内容

在当前节能环保政策的推动与刺激下，风力发电与电动汽车得到了飞速发展。但是由于风力发电的随机特性，它对电网负荷影响较大，具有反调峰特性，这不仅增加了风力发电调度的难度，而且随着风力发电装机容量的增加，风力发电对电网的安全性也会造成冲击。电动汽车是今后汽车工业的重中之重，但是它对电网负荷的影响绝对不容小觑，必须在保障电网安全运行的前提下，积极探索可使车主和电力部门都满意的调度方案。国家电网提出建设"坚强智能电网"，就是要积极应对各种可能出现的问题和挑战。更重要的是，未来能源网、交通网和信息网的三网融合将是网络型社会发展的大势所趋。在我国"一带一路"政策的指引下，未来的能源网将实现全球能源互联互通，这为推进全球新能源发展指明了方向。

随着能源网的不断扩张，一个随之而来的挑战也逐渐凸显，那就是电网的规模越来越大，同时伴随着多种不同形式的能源混杂在一起，例如风能、太阳能、核能等，这势必会给电网调度带来巨大挑战。与当前的电力系统相比，未来电网将是一个分层式、高维度、高集成度的复杂能源与信息网络，其难以使用确切的数学模型来描述，或者虽然可以建模，但是计算成本昂贵。不过由于信息化的高度集成，电力生产与消费产生的大量数据将会得以保存，这使得基于数据驱动的优化成为可能，从而为电力系统优化调度提供了一种全新的途径。因此，研究新形势下的电力调度策略具有重要的现实意义。

传统的电力系统经济调度以火电机组的有功调度为主，是一种非凸、非光滑、非线性的优化求解问题。随着全球范围内能源短缺和环境污染问题的日益突出，可再生能源得到了长足的发展，传统的经济调度方式已经不合时宜。因此，当前的经济调度主要针对含可再生能源、电动汽车的调度策略研究，同时，随着电网规模日益庞大与能源互联网概念的提出，相关问题呈现出高维度或超高维度特征，这也给电力调度提出了全新的挑战。

### 1.2.1 含可再生能源的电力系统经济调度

可再生能源是未来世界能源发展的重中之重，因此在经济/排放调度研究中考虑可再生能源是非常有意义的。风能和太阳能作为可再生能源的典型代表，在经济/排放调度中也得到了学者的广泛研究。一般来说，传统发电机可以根据调度指令来输出电功率，而可再生能源则具有较大的波动性，这给电网调度增加了难度。

当前，在经济调度研究中，对可再生能源的处理可分为如下三类：

1）不考虑可再生能源发电的波动性。

部分文献会直接给定可再生能源的发电量，或使用预测值作为调度值，又或者通过公式计算出发电量。在考虑含光伏发电的经济/排放调度问题中，既可以直接给出预测的光伏发电量，也可依据温度变化曲线来直接计算光伏发电量。在解决含风力发电的动态经济调度问题时，风力发电量可以直接通过预测给出。

2）考虑可再生能源发电的波动性。

有很多学者将可再生能源的波动性纳入经济/排放调度研究中。对于风力发电而言，可依据其不确定性计算出 Weibull 分布参数，以此得到当地风速的概率分布函数和累计分布函数，最终得到应对风力发电不确定性的旋转备用大小，据此可以构造一个新的动态经济/排放调度模型。鲁棒优化方法也可以对风力发电的不确定性进行建模，以解决含随机风力发电的经济/排放调度问题，并可在其中引入松弛变量（Slack Variable）来保障电网的安全性。基于风力发电时间相关性的风力发电功率建模方法也被用于建立含风力发电的动态经济调度模型，使用机会约束方案求解可以增进求解的准确度。考虑到风力发电与抽水蓄能电站的经济调度，可以结合风能预测值进行综合调度，并以最大化风-蓄经济效益及最小化风-蓄-火发电成本为目标构建调度模型。针对含多个风电场的经济调度问题，Pair-Copula 方法可以被用来描述多个风电场之间的依赖关系，并可使用拟蒙特卡罗方法（Quasi-Monte Carlo）生成大量场景来表述风能的不确定性，进而构造一个风险约束的均方差模型来辅助求解随机经济调度问题。在考虑风能和压缩空气储能的优化调度问题中，调度安全性应该被置于一个合适的水平，故而可以使用风险函数来描述经济调度问题中的负荷平衡约束。

3）将可再生能源的不确定性转换为确定性模型。

有学者研究了如何将随机风能经过转换用确定模型来表示。例如针对风能的欠估计与过估计问题，可以引入相应的惩罚系数，进而使用确定模型来描述风能的随机性，进而将其集成到含随机风能的经济/排放调度问题的目标函数中。在多目标经济/排放调度问题中，$CO_2$、$NO_x$、$SO_x$ 的排放量及排放成本可以被视作不同的目标，这将原来的含不确定性的多目标优化问题转化为了确定的许多目标优化问题（Many-Objective Optimization Problem）。针对考虑碳排放的经济/排放调度问题，碳价格下限和排放性能标准可以被融入调度中，进而获得一个新的动态经济/排放调度模型，由于考虑了市场价格，这种优化方法对中长期调度非常有效。对于综合了风能和太阳能的多目标经济/排放调度问题，风能和太阳能的过估计与欠估计状态应该被同时考虑，进而使用多目标优化算法进行优化求解。

## 1.2.2　含电动汽车的电力系统经济调度

随着大量电动汽车加入电网，一个迫切需要解决的问题是，如果在短时间内聚集了大量电动汽车进行充电，电网可能无法承受这样的冲击，特别是在用电高峰期。出现这个问题的主要原因在于电动汽车的无规划、随机的充电行为。

针对此问题，有学者已经做了一些研究工作，这些工作主要从电网侧和用户侧两个角度展开：

1）对于电网侧，主要从解决电动汽车充电时对电网造成的冲击出发，通过建立不确定性场景集来辅助解决含电动汽车的经济/排放调度，常见的充电场景有用电高峰期的充电场景、非用电高峰期的充电场景、随机充电场景和美国电力研究协会（Electric Power Research Institute，EPRI）公开的充电场景等。除了考虑电动汽车充电的不确定性，可再生能源的不确定性在调度中也要被综合考虑。可使用点估计法和Nataf 转换来处理电动汽车的随机充电需求、风力发电的随机性以及负荷的不确定性对经济/排放调度的影响，以给出经济/排放调度的概率优化框架。对于包括火电机组、电动汽车、风力发电、太阳能发电的复杂调度问题，常用的解决方案为分别建立离散的场景后再组合，以建立多种不确定性场景的集合，进而建立经济调度的框架。

2）从用户侧看，主要体现在用户参与调度的积极性。由于用户拥有充电需求，故电动汽车充电可以结合家用电器来综合考虑，以此作为用户侧响应，并进行动态经济/排放调度建模求解。电动汽车可以被看作存储装置，并给予电动汽车所有者一定的奖励来促使其参与调度。在含有电动汽车的微电网经济调度中，电动汽车的充电需求、风力发电、太阳能发电、柴油机发电和燃料电池发电被综合建模，以辅助求解动态经济调度问题。由于微电网内含有多种不同的发电主体，多级运行的微电网多目标经济调度模型是可以被建立的，其中，负荷级负责利用电动汽车储能调节微电网初始负荷，源荷级使用优化算法，优先使用可再生能源，最后，源网荷级使用柴油发电机或者大电网来消纳剩余负荷。

## 1.3 电力系统经济调度解决方案

电力系统经济调度解决方案经历了从研究初期的传统方法到元启发式方法（Metaheuristic Techniques）的转变。传统方法（如 λ-迭代法、梯度法等）需要假设增量成本曲线（Incremental Cost Curve）单调递增，然而在实际情况中，发电机约束条件呈现高度的非线性和非凸性，因此，传统方法难以应对此类问题。动态规划（Dynamic Programming）虽然不受上述约束条件和目标函数的影响，但是它却容易遭受"维数灾难"问题的影响，且容易陷入局部最优。元启发式方法则在这些方面显示出了与生俱来的优势，其并不需要被处理的问题具有连续、线性或凸的要求。尽管元启发式方法不一定保证能在有限时间内找到全局最优解，但它却能快速提供接近全局最优解的次优解，因而得到了研究人员的持续关注。

### 1.3.1 单目标优化算法

单目标优化问题只考虑一个目标函数（使用权重和法除外），一般来说具有唯一

的全局最优解，其可以用下面的数学方法来描述，即

$$\begin{cases} \text{minimize } f(P) \\ \text{subjectto } g_j(P) \leqslant 0, \ j = 1, \ 2, \ \cdots, \ n_1 \\ \qquad h_k(P) = 0, \ k = 1, \ 2, \ \cdots, \ n_2 \end{cases} \tag{1-1}$$

式中，$P$ 为决策变量，在经济调度中代表发电机的有功功率输出；$f(P)$ 为目标函数；$g_j(P)$ 和 $h_k(P)$ 分别为不等式约束和等式约束；$n_1$ 和 $n_2$ 分别为不等式约束和等式约束的个数。

典型的元启发式方法有遗传算法（Genetic Algorithm，GA）、粒子群优化算法（Particle Swarm Optimization，PSO）、人工蜂群算法（Artificial Bee Colony，ABC）、蝙蝠算法（Bat Algorithm，BA）和差分进化算法（Differential Evolution），并包括这些算法的变异算法。元启发式方法可以粗略分为三类：进化算法（例如 GA）、粒子智能算法（例如 PSO、BA）和免疫算法（Immune Algorithm，IA）。这些算法在提出之初是针对单目标优化问题的，这里主要介绍粒子智能算法。

粒子智能算法是受到鸟类、蜜蜂和蝙蝠等生物的群集行为的启发而提出的，这些生物群体按照合作的方式来觅食，假定食物固定不动，每个个体不仅知道自己所在的位置，还可以和其他个体进行信息交换，并通过这种交换实现与环境互动，形成一种有组织的、从无序到有序的状态，群体会不断调整自己的搜索方向，直到找到食物为止。在这个过程中，食物即为全局最优解，每个个体称为粒子（Particle），每个粒子都有自己的速度和位置，根据当前位置和目标函数可以计算出适应值（Fitness Value），适应值可以理解为个体到食物的距离。每个粒子可以利用自身经验（历史位置）和群体中的最优粒子学习来不断改变搜索方向，逐步迭代，最终群体中的粒子会趋于全局最优解，如图1-1所示。典型的粒子智能算法包括 PSO、BA 和 ABC 等。可以看出，粒子智能算法通过模拟生物的集群行为来达到寻优目的，因此不需要考虑梯度信息，适合求解复杂的、常规数学方法难以解决的优化问题。

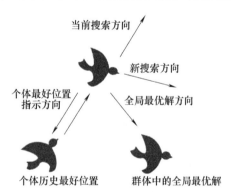

图 1-1　粒子智能算法示意图

算法通常在提出之初都具有一定局限性，比如算法早熟、全局搜索能力不足等，下面以 PSO 为例简单说明粒子智能算法的性能提升策略。在 PSO 提出之初，粒子速度 $v$ 被设定为固定值，这对算法的探索与开拓（Exploration and Exploitation）能力不利，而惯性权重的思维可以被用来平衡探索与开拓能力，研究表明，权重值在 0.8~1.2 之间是比较合理的。粒子智能算法严重依赖于粒子寻找到的全局最优解，而与全局最优解搜索能力相对应的是粒子的更新速度，如果更新速度过快，在很大程度上会使粒子无法寻找到更优的解，同时，新的更新方向也不一定会往全局最优解方向发展。因此，

速度记忆（Velocity Memory）思想被用来限制粒子的更新速度，以提升算法性能。此外，还有很多针对 PSO 本身的改进方法，这里不一一描述。

上述方法都是针对算法本身的缺陷进行的性能提升，还有另一种提升算法性能的思路，就是将算法和其他现有方法进行混合，这种思路也可以改进算法性能，例如将 PSO 和 GWO（Grey Wolf Optimization）混合，使用 PSO 更新种群搜索值，更新后的解再使用 GWO 重新更新，以充分发挥两种算法的优势；为改善 PSO 容易陷入局部最优的缺点，可以混合使用正余弦算法（Sine Cosine Algorithm）进行粒子位置更新，并使用 Levy Flight 方法产生搜索步长，增强算法的开拓能力；为提升算法的收敛程度，Levy Flight 方法和蜻蜓优化算法（Dragonfly Algorithm，DA）被集成到了 PSO 的寻优方案中；为减少超参数对算法性能的影响，模糊系统（Fuzzy System）被用来确定 PSO 速度更新公式中的权重 $w$、$c_1$ 和 $c_2$ 三个参数；为综合提升算法的收敛性和搜索能力，引力搜索算法（Gravitational Search Algorithm）可以被混合到 PSO 中，同时引入模糊系统来产生动态惯性权重，进而增强鲁棒性。可以看出，混合的方法为提升粒子智能算法的性能提供了广阔的思路。

## 1.3.2 多目标优化算法

许多工程问题都有多个目标需要被同时优化，并且这些优化目标往往是相互冲突、相互影响的，也就是说，提升某一个目标的性能通常需要恶化至少一个其他优化目标的性能，这一类问题就是多目标优化问题。由于多个目标相互制约，这就导致了不能用唯一解来描述多目标优化问题的最优解，帕累托最优解（Pareto Optimal Solution）由此应运而生，这是多目标优化和单目标优化的最主要区别。多目标优化问题一般具有的形式为

$$\begin{cases} \text{minimize } \boldsymbol{f}(P) = (f_1(P), f_2(P), \cdots, f_i(P))^{\mathrm{T}} \\ \text{subject to } g_j(P) \leqslant 0, j = 1, 2, \cdots, n_1 \\ \qquad h_k(P) = 0, k = 1, 2, \cdots, n_2 \end{cases} \tag{1-2}$$

式中，$f_i(P)$ 为第 $i$ 个优化目标，其余定义同式（1-1）。

在元启发式方法中，对多目标优化问题的解法通常分为两类，一类是将多个目标转化为单个目标进行优化；一类是同时考虑多个优化目标，给出帕累托最优解集，以下逐一加以介绍。

1）多目标转单目标优化方法。

此类方法一般使用 ε-约束法或权重和法等将多个目标转换为单个目标。在这些方法中，最为流行的当属权重和法，它通过权重因子 $w$ 将发电成本和污染气体排放量耦合在一起，使用启发式单目标优化算法得到帕累托最优解集。还有学者引入了价格惩罚因子，把多目标转化为单目标。此外，还有研究者为了得到帕累托最优解，将权重和法与惩罚因子结合起来，通过改变权重得到帕累托最优前沿。但权重和法也有明显的弊端，其一是只有凸的帕累托前沿才能使用此方法；其二是单次运行算法只能生成

一个解，如果要生成帕累托最优前沿，需要变化权重多次运行。因此，对于复杂的高维度、多约束的多目标优化问题，使用权重和法将很难得到系统的帕累托最优解。而电力系统中的实际优化问题大多呈现高维度、非线性、非凸的特征，因此，必须寻求新的优化方法来解决此类问题。

2）启发式多目标优化方法。

启发式方法为高维度、多约束的多目标优化问题提供了另一种解决思路，它们能有效克服权重和法等传统方法的缺点，因而激发了广大学者的研究兴趣。此类方法一般结合帕累托最优来实现，其通过非支配排序法挑选出算法执行过程中的非支配解，最终给出帕累托最优解和帕累托最优前沿。因为启发式方法依赖群集随机行为来执行探索过程，所以在单次运行后就可以获得不止一个非支配解。此外，启发式方法不需要搜索区域具备线性、凸等特性，因而特别适合求解多目标优化问题，如电力系统经济/排放调度问题。

目前，启发式多目标优化已经得到了国内外学者的广泛研究，并取得了丰硕的成果，以下介绍三种常用的多目标优化算法。

1）NSGA（Nondominated Sorting Genetic Algorithms）：NSGA 基于遗传算法与非支配排序的思想，在一轮计算得到了种群的非支配解后，NSGA 会对个体生成的非支配解进行分级处理，然后这些个体即假定组成了第一次的非支配前沿（Nondominated Front），且赋予它们一个较大的虚拟适应度值（Dummy Fitness Value）。为保持种群的多样性，这些虚拟适应度值会被共享给所有个体，第一次产生了非支配解的个体会暂时被忽略，不参与下一轮计算，剩余个体则将重复上述过程，生成第二次的非支配前沿。这些新产生的非支配解将会被赋予一个小于上一次的虚拟适应度值。这个过程会一直持续，直到整个种群都被划分到所生成的非支配前沿中。

2）NSGA-Ⅱ：在 NSGA 的研究基础上，Ded 等人对其进行了性能改进，提出了NSGA-Ⅱ算法。该算法主要进行了以下方面的提升。首先，NSGA-Ⅱ改进了 NSGA 算法中的计算复杂度问题，提出了新的快速支配排序思想。其次，NSGA-Ⅱ提出了拥挤排序的概念来评估非支配前沿解之间的稠密度，这有利于生成分布更均匀的帕累托最优前沿。最后，NSGA-Ⅱ引入了精英保留策略，使得子代与父代共同竞争，以生成更好的非支配解。NSGA-Ⅱ是多目标优化算法中的优秀代表，得到了学者的广泛关注，后期的相关算法大多借鉴了该算法的思想。

3）MOGWO（Multi-objective Grey Wolf Optimizer）：Mirjalili 等人基于 GWO 提出了多目标的 MOGWO 算法。该算法引入档案（Archive）来存储 GWO 生成的非支配解，MOGWO 集成了网格机制（Grid Mechanism）来提升档案中的非支配解，同时提出了领导者选择机制来替换、更新档案中的非支配解。

以上都是基于原有的单目标优化算法并集成帕累托支配而发展出的多目标优化算法。另一种思路是混合不同的优化算法，从而得到性能更优的多目标优化算法，下面列举其中的三种。

1）DA-PSO：Khunkitti 等人将 DA 与 PSO 做了混合，提出了 DA-PSO 多目标优化算法。该算法利用了 DA 粒子在开拓能力上的优势和 PSO 在探索能力上的优势，即 DA 用于寻找区域的全局解，PSO 则把该解作为粒子的全局最优，并在此基础上寻求全局最优解。为了进行多目标优化，该算法也使用了帕累托支配以及档案。

2）MO-BAHPSO：Zarea 等人率先提出将蜜蜂算法（Bees Algorithm）与 PSO 进行混合，得到了单目标的 BAHPSO，然后基于帕累托支配的概念，对每次生成的解集使用非支配排序，生成多个非支配层，在得到最优前沿之后，最优前沿中一半的最优解会被当作精英保留。基于此，再使用 PSO 生成性能提升的精英，这些性能提升的精英被用于 Bees Algorithm，以此产生未来的 Bee 种群，据此循环，直到算法满足结束条件。

3）M-BGV：该算法集成了 MOABC（Multi-objective Artificial Bee Colony）、BW（Best Worst）、GRA（Grey Relational Analysis）和 VIKOR（Visekriter-Ijumsko Kompromisno Rangiranje），该算法的执行分为三步，首先由 MOABC 获取帕累托解集，然后使用 BW 来评估生成的帕累托解集，给出各优化目标的权重，最后将帕累托解集和目标权重送入 GRA-VIKOR，以获取最优解。

从以上列出的多目标优化算法中可以看出，多目标优化算法基本上采用帕累托最优思想，并围绕帕累托最优前沿的多样性和均匀性展开研究。

### 1.3.3 基于数据驱动的优化算法

尽管智能优化算法很好地解决了经济调度中的若干问题，但是当前的研究主要针对的是有模型的优化问题，以及计算求解成本低廉的场合。而在实际工程中，大量的优化问题呈现大规模、多约束、多模态、不确定等特点，导致计算仿真成本昂贵，有时甚至不能对研究对象进行准确的数学描述（这类函数统称为计算昂贵拟合函数），这导致该类问题的研究必须基于数据进行，因此这类优化问题被称为基于数据驱动的优化，而现有的基于确定模型的优化方法对此通常无能为力。

基于数据驱动的优化方法与基于确定模型的优化方法具有本质的不同，后者通常假设可以比较容易地得到所研究对象的数学模型及相关约束，或者可以使用很低廉的成本来评估所研究的对象。但是在实际的工程优化问题中，很多工程优化问题的评估验证成本高，仿真计算时间长，或者根本没有数学模型可以描述。因此，对于这一类问题的研究只能基于数据来完成，这些数据主要来源于生产实际、仿真或者日常生活，这就是基于数据驱动的优化方法与基于确定模型的优化方法的本质区别，这类问题也称为计算昂贵优化问题。

在基于数据驱动的优化过程中，一般使用代理模型（Surrogate-Assisted）来替代优化过程中评估成本高、计算成本昂贵或难以建模的目标函数。按代理模型管理策略中是否有新的数据加入来区分，基于数据驱动的优化可以分为离线和在线两种模式，如图 1-2 所示。离线数据驱动优化的结果完全依赖于样本数据，而对于在线数据驱动优化，可以加入新生成的数据来对代理模型进行重新训练，这样可以提升代理模型的拟合精度，从而提供更优质的解。人工智能及数据科学的发展，为解决大规模、高维度、高耗时、无模型的优化提供了解决思路。当前，基于代理模型辅助的智能优化算法很好地结合了时代发展，也取得了相应的研究成果。然而，当前的研究仍然面临较多的局限性：

1）实验验证主要还是使用测试函数来进行仿真验证，较少有针对实际工业对象，特别是在电力系统应用中的研究案例。

2）当前的研究较少考虑代理模型重构时的计算成本，尤其是在高维度在线数据驱动优化过程中，多次的新样本数据加入将显著增加代理模型的重构时间。在电力调度中，这种现象有可能导致在有限的调度时间内算法无法提供最优化的调度方案。因此，研究有限时间内的代理模型辅助优化算法势在必行。

3）在已有的动态代理模型辅助优化算法研究中，基本没有主动考虑对环境变化的感知问题，如果能实时或最大限度地提前预判环境变化，则有助于正确选择代理模型。

4）针对大规模复杂电力系统的分区域优化调度问题，由于求解费时，且包含大量的非线性约束，是一种典型的高维计算昂贵优化问题，目前尚无较好的优化算法来求解。

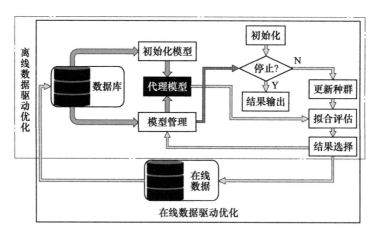

图 1-2　离线/在线数据驱动优化的基本框架

# 第 2 章

# 电力系统经济调度建模

电力系统经济调度是指在满足安全和电能质量要求的前提下，合理利用能源和设备，以最低的发电成本保证对用户可靠供电的一种调度方法。电力系统的经济运行管理对国民经济发展具有重要意义。在电力系统管理中，由于电力系统涉及多种物理特征，如阀点效应、禁止操作区域和爬坡限制等，使得电力系统经济调度问题通常具有多模态、不连续、非凸等复杂特性。随着"碳达峰碳中和"目标的提出，电力系统经济调度中也要考虑最小化污染气体排放量这一目标，由此使得原来的单目标优化问题转变为多目标优化问题。本章分别对静态和动态的单/多目标电力系统经济调度问题进行建模，以明确本书的研究目标，还针对当前电力系统规模大、结构复杂、调度时间有限等现实情况，给出了数据驱动建模方法。

## 2.1 电力系统静态经济调度

电力系统静态经济调度是电力系统中的一个重要优化问题，它致力于给出一种最优化的发电机调度策略，在满足当前负荷需求等众多约束条件的同时，使得发电成本最低。按照优化目标的数量划分，电力系统静态经济调度可以分为电力系统单目标静态经济调度和电力系统多目标静态经济调度。

### 2.1.1 电力系统单目标静态经济调度建模

**1. 优化目标**

电力系统单目标静态经济调度的优化目标为最小化火力发电机组的燃料成本，即有

$$F(P) = \sum_{i=1}^{N_g} \left( a_i P_i^2 + b_i P_i + c_i \right) \tag{2-1}$$

式中，$a_i$、$b_i$、$c_i$ 为第 $i$ 个火力发电机的发电成本系数；$N_g$ 为系统中火力发电机组的总台数。

在实际的经济调度中，当进气阀打开时，阀点效应会导致燃料成本在短时间内急

剧上升，最终使得成本曲线上出现许多不可微点。因此，如果考虑阀点效应，则燃料成本的函数又可表示为

$$F(P) = \sum_{i=1}^{N_g} \{ a_i P_i^2 + b_i P_i + c_i + | d_i \sin[e_i(P_i^{\min} - P_i)] | \} \tag{2-2}$$

式中，$d_i$ 和 $e_i$ 为第 $i$ 台发电机的阀点效应成本系数；$P_i^{\min}$ 为第 $i$ 台发电机的有功功率（MW）。

**2. 约束条件**

在执行经济调度时，所需满足的典型约束条件如下：

1）发电机输出有功/无功功率约束。

发电机正常工作时，其有功/无功输出必须满足一定的限制，即

$$P_i^{\min} \leqslant P_i \leqslant P_i^{\max} \tag{2-3}$$

$$Q_i^{\min} \leqslant Q_i \leqslant Q_i^{\max} \tag{2-4}$$

式中，$P_i^{\min}$ 和 $P_i^{\max}$ 分别为第 $i$ 个火力发电机组的最小和最大有功输出；$Q_i^{\min}$ 和 $Q_i^{\max}$ 分别为第 $i$ 个火力发电机组的最小和最大无功输出。

2）负荷供需平衡约束。

系统的有功功率必须满足负荷和线路损耗的要求，可以描述为

$$\sum_{i=1}^{N_g} P_i = P_d + P_{\text{loss}} \tag{2-5}$$

式中，$P_d$ 和 $P_{\text{loss}}$ 分别为负荷和线路损耗。

线路损耗 $P_{\text{loss}}$ 可以通过求解潮流方程得到，即

$$P_i - P_{di} - U_i \sum_{j=1}^{N_b} U_j(G_{ij}\cos\theta_{ij} + B_{ij}\sin\theta_{ij}) = 0 \tag{2-6}$$

$$Q_i - Q_{di} - U_i \sum_{j=1}^{N_b} U_j(G_{ij}\sin\theta_{ij} + B_{ij}\cos\theta_{ij}) = 0 \tag{2-7}$$

式中，$P_{di}$ 和 $Q_{di}$ 分别为节点 $i$ 的有功和无功负荷；$U_i$ 和 $U_j$ 分别为节点 $i$ 和 $j$ 的电压幅值；$\theta_{ij} = \theta_i - \theta_j$（$\theta_i$ 和 $\theta_j$ 为节点 $i$ 和 $j$ 的电压相位）；$G_{ij}$ 和 $B_{ij}$ 分别为节点 $i$ 和 $j$ 之间的电导和电纳；$N_b$ 为节点数量。

母线电压的幅值和相位得到后，真实的线路损耗 $P_{\text{loss}}$ 的计算公式为

$$P_{\text{loss}} = \sum_{k=1}^{N_{\text{line}}} g_k(U_i^2 + U_j^2 - 2U_iU_j\cos\theta_{ij}) \tag{2-8}$$

式中，$g_k$ 为第 $k$ 条线路（连接节点 $i$ 和节点 $j$）的电导；$N_{\text{line}}$ 为传输线路的数量。

3）电压幅值约束。

出于系统安全考虑，电压幅值应该被控制在一个安全的操作区域中，即

$$U_i^{\min} \leqslant U_i \leqslant U_i^{\max}, \ i = 1, 2, \cdots, N_b \tag{2-9}$$

4）线路功率约束。

线路功率约束为

$$S_{ti} \leqslant S_{ti}^{\max}, \quad i = 1, \ 2, \ \cdots, \ N_{\text{line}} \tag{2-10}$$

式中，$S_{ti}$ 为第 $i$ 条传输线路上的功率；$S_{ti}^{\max}$ 为第 $i$ 条传输线路上允许的最大传输功率。

5）火力发电机组爬坡约束。

火电机组的输出功率一般不能突变，需满足一定的爬坡约束，爬坡约束可以描述为

$$\begin{cases} P_i - P_i^0 \leqslant UR_i \\ P_i^0 - P_i \leqslant DR_i \end{cases} \tag{2-11}$$

式中，$P_i^0$ 为第 $i$ 台发电机先前时刻的有功输出，$UR_i$ 和 $DR_i$ 分别为第 $i$ 台发电机的上爬坡率和下爬坡率。

综合考虑式（2-3）和式（2-11），可以得到一个不等式，即

$$\max(P_i^{\min}, \ P_i^0 - DR_i) \leqslant P_i \leqslant \min(P_i^{\max}, \ P_i^0 + UR_i) \tag{2-12}$$

式（2-12）可以方便程序设计。

6）火力发电机组禁止操作区域约束。

火力发电机组禁止操作区域是指火力发电机组的某些功率输出范围，在该范围内的操作会因蒸汽阀的打开或关闭而导致汽轮机轴和轴承过度振动，而这种过度振动可能损坏轴和轴承，因此在正常情况下，这些区域应避免操作。根据以上说明，火力发电机组的可行操作区域可以描述为

$$\begin{cases} P_i^{\min} \leqslant P_i \leqslant P_{i,1}^l \\ P_{i,(k-1)}^u \leqslant P_i \leqslant P_{i,k}^l \\ P_{i,n_i}^u \leqslant P_i \leqslant P_i^{\max} \end{cases} \tag{2-13}$$

式中，$P_{i,(k-1)}^u$ 为第 $i$ 个发电机的第（$k-1$）个禁止操作区域的上限值；$P_{i,k}^l$ 为第 $i$ 个发电机的第 $k$ 个禁止操作区域的下限值；$n_i$ 为第 $i$ 个发电机总的禁止操作区域个数，$k = 2, \ \cdots, \ n_i$。

## 2.1.2　电力系统多目标静态经济调度建模

随着"碳达峰碳中和"目标的确立，减碳技术的应用是大势所趋。"碳达峰碳中和"的核心是"开源节流"，其重中之重是减少能源供给中污染气体的排放。因此，在电力系统多目标静态经济调度模型中，除了最小化发电成本外，还需最小化污染气体排放量。污染气体排放涉及硫氧化物、氮氧化物等，主要是由化石燃料的燃烧引起的，这些污染物的排放量可以单独描述。然而，出于方便比较的目的，这些污染气体的排放总量可以表述为二次项和指数项的和，即

$$E(P) = \sum_{i=1}^{N_g} \left[ 10^{-2}(\alpha_i P_i^2 + \beta_i P_i + \gamma_i) + \varepsilon_i \exp(\lambda_i P_i) \right] \tag{2-14}$$

式中，$E(P)$ 为总的污染气体排放量（t/h）；$\alpha_i$、$\beta_i$、$\gamma_i$、$\varepsilon_i$ 和 $\lambda_i$ 分别为第 $i$ 台发电机的污染气体排放系数。

对于约束条件而言，电力系统多目标静态经济调度模型中的约束条件和电力系统单目标静态经济调度模型一致，见式（2-3）~式（2-13）。

## 2.2 电力系统动态经济调度

电力系统动态经济调度问题是动态的、多时间间隔的经济调度问题。其特征为：在静态经济调度的基础上，综合考虑调度周期内各时间段的耦合关系，并通过优化各时间段内发电机组出力的方式来满足系统运行的经济性要求。因此，在数学模型方面，动态经济调度具有的优化维度更高，求解难度也相应地增加，但其优点在于更符合系统的实际运行情况，且调度结果更准确。在实际应用中，电力系统的调度基本以 5~15min 为调度间隔，因为用电的随机性，用电负荷在每个调度间隔内都是变化的，所以，这就形成了一个新的优化问题，即动态优化问题，在电力系统经济调度中分为单目标动态经济调度与多目标动态经济调度。与静态经济调度相比，动态经济调度的变化主要体现在负荷变化、可再生能源出力变化和发电机组的起停变化等。因此，在每个调度间隔内，系统的目标函数是不一样的，这就给优化带来了新挑战。

### 2.2.1 电力系统单目标动态经济调度建模

#### 1. 优化目标

优化目标为最小化火电机组的总燃料成本。2.1.1 节给出的静态经济调度的目标函数仅针对单一时段的发电成本，而在动态经济调度研究中，包含多个时段的发电成本，具体描述为

$$f_{cost} = \sum_{t=1}^{T} \sum_{i=1}^{N_g} \{a_i P_{i,t}^2 + b_i P_{i,t} + c_i + |e_i \sin[f_i(P_i^{min} - P_{i,t})]|\} \tag{2-15}$$

式中，$T = 24$ 为调度间隔个数，即每一个小时作为一个调度间隔；$P_{i,t}$ 为第 $i$ 个发电机在第 $t(1 \leq t \leq T)$ 个调度时刻的有功出力。

注意：为了表述方便，第 $t$ 个调度时刻代表调度间隔 $(t, t+1)$，且 $P_i^{min}$ 代表第 $i$ 个发电机的最小有功出力，其他变量的定义与 2.1 节一致。

#### 2. 约束条件

1）发电机输出功率约束。

正常运行时，发电机有功、无功输出功率约束为

$$\begin{cases} P_i^{min} \leq P_{i,t} \leq P_i^{max} \\ Q_i^{min} \leq Q_{i,t} \leq Q_i^{max} \end{cases} \tag{2-16}$$

式中，$Q_{i,t}$ 为第 $i$ 个发电机在第 $t(1 \leq t \leq T)$ 个调度时刻的无功输出功率，其他变量的定义与 2.1 节相同。

2）功率平衡约束。

$t$ 时刻有功功率平衡可表述为

$$\sum_{i=1}^{N_{\mathrm{g}}} P_{i,t} = P_{\mathrm{d},t} + P_{\mathrm{loss},t} \tag{2-17}$$

式中，$P_{\mathrm{d},t}$ 与 $P_{\mathrm{loss},t}$ 分别为 $t$ 时刻的系统有功负荷与线路损耗。

3）系统潮流约束。

系统潮流约束可表述为

$$\begin{cases} P_{i,t} - P_{\mathrm{d},i,t} - U_{i,t} \sum_{j=1}^{N_{\mathrm{b}}} U_{j,t}(G_{ij}\cos\theta_{ij,t} + B_{ij}\sin\theta_{ij,t}) = 0 \\ Q_{i,t} - Q_{\mathrm{d},i,t} - U_{i,t} \sum_{j=1}^{N_{\mathrm{b}}} U_{j,t}(G_{ij}\sin\theta_{ij,t} - B_{ij,t}\cos\theta_{ij,t}) = 0 \end{cases} \tag{2-18}$$

式中，$P_{\mathrm{d},i,t}$ 和 $Q_{\mathrm{d},i,t}$ 分别为节点 $i$ 在 $t$ 时刻的有功和无功负荷；$U_{i,t}$ 和 $U_{j,t}$ 分别为节点 $i$ 和 $j$ 在 $t$ 时刻的电压幅值；$\theta_{ij,t} = \theta_{i,t} - \theta_{j,t}$（$\theta_{i,t}$ 和 $\theta_{j,t}$ 分别为节点 $i$ 和 $j$ 在 $t$ 时刻的电压相位）；其余变量的定义与 2.1 节一致。

通过求解式（2-18），系统 $t$ 时刻的线路损耗可以计算为

$$P_{\mathrm{loss},t} = \sum_{k=1}^{N_{\mathrm{line}}} g_k(U_{i,t}^2 + U_{j,t}^2 - 2U_{i,t}U_{j,t}\cos\theta_{ij,t}) \tag{2-19}$$

式中，各变量的定义与 2.1 节一致。

4）爬坡约束。

发电机的爬坡特性可描述为

$$\begin{cases} P_{i,t} - P_{i,(t-1)} \leqslant UR_i \\ P_{i,(t-1)} - P_{i,t} \leqslant DR_i \end{cases} \tag{2-20}$$

式中，各变量的定义与 2.1 节一致。

## 2.2.2　电力系统多目标动态经济调度建模

电力系统多目标动态经济调度的优化目标除了最小化火电机组的总燃料成本外，最小化污染气体排放量也被视作另一个优化目标。污染气体排放量和发电机的有功输出直接相关，在动态经济/排放调度中，化石燃料生成的污染气体主要包括 $NO_x$、$SO_x$ 等，可描述为

$$f_{\mathrm{emission}} = \sum_{t=1}^{T} \sum_{i=1}^{N_{\mathrm{g}}} \left[ 0.01(\alpha_i P_{i,t}^2 + \beta_i P_{i,t} + \gamma_i) + \varepsilon_i \exp(\lambda_i P_{i,t}) \right] \tag{2-21}$$

式中，各变量的定义与 2.1 节一致。

对于约束条件而言，电力系统多目标动态经济调度模型中的约束条件与电力系统单目标动态经济调度模型一致，见式（2-16）~式（2-20）。

## 2.3　数据驱动建模方法

现有的解决电力系统经济调度问题的方法适用于低维度、小规模的电力系统。然

而，随着电力工业的不断发展，电力系统变得越来越复杂。这导致了电力系统经济调度问题的计算成本很高。传统方法和进化算法都难以解决这类问题。具体来说，计算昂贵意味着评估本身需要大量的时间、金钱和其他昂贵成本，而且计算昂贵也包括一些在某些情况下会变得昂贵的问题。对于高维度、大规模的电力系统经济调度问题，一方面高维优化需要大量的时间；另一方面由于 5min 或者 15min 的调度间隔，电力系统经济调度问题会变得更加昂贵。因此，可以考虑使用代理模型来替代原有的两个目标函数，其具体描述为

$$\begin{cases} C(\cdot) \approx F_1(X_1,\ X_2,\ \cdots,\ X_n) \\ E(\cdot) \approx F_2(X_1,\ X_2,\ \cdots,\ X_n) \end{cases} \tag{2-22}$$

式中，$C(\cdot)$ 为原来的燃料成本函数的数学表达式；$E(\cdot)$ 为原来的污染气体排放量函数的数学表达式；$F_1(X_1,\ X_2,\ \cdots,\ X_n)$ 为 $C(\cdot)$ 的数据驱动代理模型；$F_2(X_1,\ X_2,\ \cdots,\ X_n)$ 为 $E(\cdot)$ 的数据驱动代理模型；$X_1,\ X_2,\ \cdots,\ X_n$ 为 $n$ 个可行调度方案，每个方案都是一种满足需求的出力组合。

本章主要介绍电力系统单目标、多目标静态经济调度建模，以及电力系统单目标、多目标动态经济调度建模，还介绍了电力系统经济调度的数据驱动建模方法。

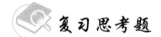

1. 考虑阀点效应时，目标函数为什么不再具有凸性？

2. 电力系统动态和静态经济调度的最显著区别是什么？

3. 如果考虑水电站参与调度，目标函数需要做出什么调整？

4. 如果考虑风力或光伏发电，目标函数需要做出什么调整？

5. 如何使用数学解析方案优化电力系统单目标静态经济调度问题？

6. 当考虑新能源发电的不确定性时，动态经济调度的约束应该做出什么改动？并给出应该增加的约束条件。

7. 电力系统经济调度的目的是什么？

8. 当前电力系统的变革如何改变了传统的电力系统经济调度问题？

9. 数据驱动代理辅助方案的数据从哪里来？

10. 现代电力系统如何为数据驱动方案提供支撑？

11. 写出你认为适合充当代理模型的几种基于拟合的人工智能模型，并论述其优缺点。

# 第3章

# 含随机风能的电力系统经济调度研究

现代电力系统中一个极其重要的问题是如何促进可再生能源的充分利用，相比其他形式的可再生能源，风能在过去的一段时间内得到了广泛关注。目前，风力发电技术已经相当成熟，单个风电场的规模甚至可以达到几兆瓦或几百兆瓦的级别。尽管如此，当前电网面临的主要挑战仍是如何有效地整合风力发电到大电网中。且由于风能的随机性，大电网对风能的消纳已经成为风能利用的最大难题。本章融合随机风能特性到电力系统经济调度研究中，并考虑风能的"过估计"与"欠估计"给电力系统经济调度带来的影响。

电力系统经济调度本身是一个非线性、非凸且不可微的工程优化问题，采用传统的数学方法通常难以解决，而智能优化算法则提供了很好的解决方案，比较常用的智能优化算法如 GA、PSO、蚁群算法和 GWO 等都在经济/排放调度研究中得到了广泛的应用。这类算法基本使用群集智能，可以实现在目标范围内的全局搜索，并且能共享当前个体所寻找到的最优解，不需要目标函数具有线性（或分段线性）、可微、凸等特性，因此，它们往往能快速地提供接近真实全局最优解的解。例如对于含阀点效应的经济调度问题，GA 及其衍生算法被广泛应用于求解；PSO 及其拓展算法常被用来解决含禁止操作区域、爬坡约束和阀点效应的经济调度问题；混杂和声搜索（Harmony Search，HS）算法可以用来解决多区域的经济调度问题。然而，上述研究基本上只关注火力发电机组的调度，可再生能源往往不包含在内。

近年来，为应对环境问题和能源短缺危机，各种形式的可再生能源已经被集成到了电网中，其中风能是最具代表性的一类。截至 2021 年年底，全球风能装机容量已经达到 837GW。如此大规模的可再生能源的加入，给电网调度带来了全新的挑战。与此同时，在经济调度环节，已经有部分学者开始着手这方面的研究，例如在研究基于虚拟电厂技术的经济调度策略时会涉及大量的随机风能，但风电场的发电成本不应该被简单地设置为 0，而是应该在面对风能"过估计"与"欠估计"时产生惩罚，以更加贴近实际情况；同样地，将风能简单地考虑成经济调度问题中的一个约束条件也是不合理的，因为这种方案同样无法体现风能预测误差的惩罚；即使考虑了风能预测误差带来的惩罚，使用分布式优化方法也是不准确的，因为该方法要求优化模型必须满足线性化特性，这导致阀点效应和禁止操作区域等非线性特性不得不被忽略。综上所述，一个合理且准确的元启发式算法更适合于求解含随机风能的电力系统经济调度问题。

蝙蝠算法作为近几年来出现的优秀算法代表，已经吸引了诸多学者的研究兴趣。蝙蝠算法很好地融合了 PSO、GA 和 HS 等算法的优点，且蝙蝠算法经过适当的简化，也可以转换为 PSO 和 HS 算法。正是由于蝙蝠算法具有这样的优势，本章针对含随机风能的电力系统经济调度问题，围绕蝙蝠算法展开研究，并主要实现以下三个目标：

①在单目标蝙蝠算法的基础上，进一步提升算法的探索能力，特别是要实现个体在单个维度上的寻优，以便发现更优质的解。

②避免算法出现早熟收敛，从而提供更多样的解。

③将随机风能融入经济调度中。

## 3.1 蝙蝠算法概述

蝙蝠算法因模拟蝙蝠飞行和捕食时的行为而得名。在飞行时，蝙蝠使用回声定位来检测目标和障碍物，其发出的是脉冲式的超声波，典型频率为 25~150kHz，每次超声波爆发能够持续 5~20ms，蝙蝠通常在每秒有 10~20 次超声波爆发，而当蝙蝠捕食时，其超声波爆发次数将显著增加到每秒 200 次左右。一般来说，在捕食时，蝙蝠发送超声波的次数与蝙蝠和猎物之间的距离成反比，而在蝙蝠靠近猎物的过程中，超声波脉冲的响度（Loudness）将会降低。

蝙蝠算法即模拟了上述行为，并使用了如下三条理想化的规则：

1) 所有蝙蝠均使用回声定位来感知距离，且它们能区分猎物和障碍物。

2) 非捕猎时，蝙蝠以速度 $v_i$ 在某个位置 $x_i$ 随机飞行，而在寻找猎物时，蝙蝠将改变超声波的波长和脉冲响度，并根据自身与猎物的距离来自动调整发送的脉冲频率 $f$ 及超声波发送速率 $r$。

3) 尽管脉冲响度能以多种方式变化，但这里仍然假定脉冲响度从一个比较大的正值开始逐渐下降到一个最小的常数值 $A_{min}$。

根据以上规则，对于算法中的蝙蝠，其发送的脉冲频率 $f_i$、$t$ 时刻的飞行速度 $v_i^t$ 及位置 $x_i^t$ 分别定义为

$$f_i = f_{min} + (f_{max} - f_{min})\beta \tag{3-1}$$

$$v_i^{t+1} = v_i^t + (x_i^t - x_*^t)f_i \tag{3-2}$$

$$x_i^{t+1} = x_i^t + v_i^{t+1} \tag{3-3}$$

式中，$f_{max}$ 与 $f_{min}$ 分别为发送的脉冲频率的最大值与最小值；$\beta$ 为服从 [0，1] 上均匀分布的随机数；$x_*^t$ 为 $t$ 时刻种群中的最好位置（最优解）。

在得到种群中的当前最优解后，算法中个体的位置将使用随机漫步的方式围绕当前最优解更新，其数学表述为

$$x_{i,\ \text{new}}^{t+1} = x_*^t + \xi A^t \tag{3-4}$$

式中，$\xi \in [-1, 1]$，为一个随机数；$A^t$ 为 $t$ 时刻所有蝙蝠个体发出的超声波脉冲的平均响度。

当所有个体的位置更新后，脉冲响度 $A_i^t$ 和超声波发送速率 $r_i^t$ 将随迭代过程更新。随着蝙蝠越来越靠近猎物，脉冲响度将随之下降，而超声波发送速率则会增加，这一过程可用公式描述为

$$A_i^{t+1} = \alpha A_i^t \tag{3-5}$$

$$r_i^{t+1} = r_i^0 [1 - \exp(-\theta t)] \tag{3-6}$$

式中，$\alpha \in [0, 1]$，为常数；$\theta > 0$ 为常数。

式（3-5）和式（3-6）表明，随着 $t \to \infty$，$A_i^t \to 0$，$r_i^{t+1} \to r_i^0$。

单目标蝙蝠算法的伪代码如下（算法中的 "%" 表示注释）：

---

算法 3-1：单目标蝙蝠算法

---

输入：$A_i$；$f_{\min}$；$f_{\max}$；$r_i$；$x_i(i = 1, 2, \cdots, n)$；$v_i$

输出：$x_*$；$f_*$

1： 依据初始值计算种群拟合值

2： **while** $t<$最大迭代次数 **do**

3：　 **while** $i<$虚拟蝙蝠数量 **do**

4：　　 根据式（3-1）~式（3-3），通过调节个体频率、速度和位置生成新的解

5：　　 **if** $rand>r_i$ **then** %$rand$ 表示 $[0, 1]$ 中的随机数，下同

6：　　　 使用随机漫步围绕当前种群最优解进行寻优

7：　　 **end if**

8：　　 生成新的拟合值 $f_{\text{new}}$

9：　　 **if** $rand<A_i$ 且 $f_{\text{new}}<f_*$ **then** %$f_*$ 代表当前种群最优解对应的拟合值

10：　　　 接受这个新产生的解

11：　　　 减小脉冲响度，增加脉冲发送率

12：　　 **end if**

13：　　 所有个体排序，找到当前种群最优解 $x_*$，将 $x_P$ 和 $f(x_P)$ 保存到数据库

14：　 **end while**

15： **end while**

16： 给出最终解

---

## 3.2　单目标蝙蝠算法改进方法

### 3.2.1　原有单目标蝙蝠算法的不足

从算法 3-1 中可见，个体最终能产生新的解完全依赖于第 5 行的条件 "$rand>r_i$"

和第 6 行的随机漫步方法，下面从两方面来阐述单目标蝙蝠算法的不足：

1）第 5 行的条件 "$rand > r_i$" 表明，只有当产生的随机数小于 $r_i$ 时，随机漫步才能被执行，然而随着迭代次数的增加，$r_i^t$ 会越来越趋近 $r_i^0$，即 $r_i^t$ 越来越大，这意味着随机漫步被执行的概率会越来越小（因为随机数在 $[0, r_i^0]$ 中产生），这将不利于种群产生多样性的解，并且容易陷入局部最优而导致早熟收敛。

2）第 6 行表明，单目标蝙蝠算法的搜索能力完全由随机漫步决定，如果个体陷入局部最优点，将严重影响算法的收敛速度。此外，式（3-4）表明，$x_{i,\text{new}}^{t+1}$ 的所有维度都是同时更新的，并且更新数值相同，均为 $\xi A^t$，这实际上对提升全局最优解是不利的。

### 3.2.2　蝙蝠算法解的多样性提升策略

智能算法往往会遇到早熟收敛现象，学者们已经提出了一些办法来预防该问题，混沌映射就是被广泛使用的一种方法。启发式算法往往包含几个不确定的参数或变量，这些参数或变量（如 PSO 中的权重 $w$、GWO 中的参数 $\vec{a}$ 等）对算法的性能起着决定性作用。已经有很多优化算法使用混沌映射来替代这类参数或变量，如在 GWO 的迭代中，矢量 $\vec{a}$ 决定着算法的探索和开拓项的执行，然而 $\vec{a}$ 却是一个线性递减的量，在很大程度上会降低多样性解的产生，因此，可以使用 $\beta$ 混沌映射的概念来代替 GWO 中的线性矢量 $\vec{a}$，增加解的多样性，从而避免早熟收敛。

将混沌映射与启发式算法相结合的方法给研究者提供了一种提高解的多样性思路。迄今为止，使用混沌映射代替不确定性参数能提升算法性能的原因还没有得到充分论证。然而，大量的经验表明这是一种行之有效的办法。由于混沌映射具有不可重复的特性，比起原有算法，基于混沌映射的算法通常能取得更好的全局搜索能力，这将有助于算法逃离局部最优，从而避免早熟收敛。为了克服单目标蝙蝠算法的第一个不足，本章同样将混沌映射引入算法中。

从式（3-1）~式（3-6）可见，单目标蝙蝠算法中的主要参数有 $\beta$、$\xi$、$\alpha$ 和 $\theta$。研究表明，在蝙蝠算法中，针对以上四个参数使用混沌映射取得的效果并不明显，因此，本章将重点放在对算法性能可能产生直接影响的脉冲响度 $A_i$ 和超声波发送速率 $r_i$ 上。由于 $r_i$ 随着迭代次数的增加而增加，这使得后期随机漫步被执行的概率大大降低。与此相似的是，$A_i$ 会随着算法迭代次数的增加而减小，这降低了算法对新产生的解的接纳能力。简而言之，$A_i$ 与 $r_i$ 都具有单调性，而在启发式算法中，这种特性往往不利于多样性解的产生。因此，这里采用混沌映射来代替单目标蝙蝠算法中 $A_i$ 和 $r_i$ 的更新方式。实验表明，不同的混沌映射对算法结果可能会产生不同的影响，目前尚没有理论来解释这一现象。

### 3.2.3　蝙蝠算法探索能力提升策略

为了克服单目标蝙蝠算法的第二个不足，本章引入了随机黑洞模型。该模型基于宇宙中黑洞的性质而提出，下面做简要介绍。对于任何物体，如果它的半径小于其史瓦西半径（Schwarzschild Radius），就有可能成为黑洞并拥有强大的引力。在史瓦西半径以内，这种引力可以强大到没有任何物体能从黑洞的控制范围内逃逸，除非其逃逸速度大于光速。然而没有物体的运动速度能大于光速，因此任何物体经过或横穿黑洞的边界时都将被黑洞吸收，即使是光也不例外。

受黑洞的这个性质的启发，随机黑洞模型可以和启发式算法结合，以获得对应的混合算法。在该算法中，每个个体都被当作宇宙中的天体，依据个体位置计算出来的拟合值则被当作重力（Gravity），在每次迭代过程中，单个个体会同时受全局最优解和局部最优解的重力影响，而所研究问题的真实解在整个求解过程中是未知的。由于真实解未知，在算法每次迭代的过程中，当前的群体最优解所在位置就被当作随机黑洞产生的基准点，而随机黑洞作为真实解的近似解，将引导种群朝着黑洞的方向收敛。然而，与真实黑洞不同的是，随机黑洞模型中所有个体的速度将会被保留，不受随机黑洞吸引力的影响。通过这种方式，那些被随机黑洞吸收的个体将有可能逃离随机黑洞。随机黑洞模型有助于增强启发式算法的开拓能力，其具体原理如图 3-1 所示。图 3-1 中，$x_i^t(b)$ 与 $x_i^{t+1}(b)$ 分别为 $t$ 时刻与 $(t+1)$ 时刻第 $i$ 个个体的第 $b$ 个维度所在的位置，$x_*^t(b)$ 为 $t$ 时刻的第 $b$ 个维度上的当前全局最优解，$r_\mathrm{d}$ 为随机黑洞的有效作用半径，$p$ 为引力的预定义阈值，当引力作用大于或等于此阈值时，该维度将会被随机黑洞吸收，$l$ 为随机参数，代表了随机黑洞与天体之间的引力作用力，$p$ 和 $l$ 都服从 [0，1] 上的均匀分布。

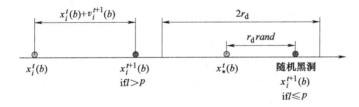

图 3-1　随机黑洞模型具体原理

随机黑洞会在最优解附近重复产生，它到当前群体最优解 $x_*^t$ 的距离被限定在 $[-r_\mathrm{d}，r_\mathrm{d}]$ 中。在随机黑洞产生的同时，与随机黑洞对应的阈值 $p$ 也随之生成，在此之后，对个体 $x_i^t$ 来说，与其第 $b$ 个维度 $x_i^t(b)$ 对应的随机数 $l$ 也随机产生。如果 $l \leqslant p$，那么 $x_i^t(b)$ 将会被随机黑洞捕获，否则 $x_i^t(b)$ 将会沿式（3-3）的方向更新，整个更新规则可描述为

$$x_i^{t+1}(b) = \begin{cases} x_*^t(b) + r_\mathrm{d}\mu, & l \leqslant p \\ x_i^t(b) + v_i^{t+1}(b), & l > p \end{cases} \tag{3-7}$$

式中，$\mu$ 为随机数，服从 [-1，1] 上的均匀分布。

从式（3-7）可见，$x_i^t$ 的每个维度都可以被单独更新，然而在单目标蝙蝠算法中，如式（3-4）所示，$x_{i,\,\mathrm{new}}^{t+1}$ 的每个维度都会同时以同样的参数 $\xi$ 被更新，具体过程如算

法 3-2 所示。

---

算法 3-2：随机黑洞模型的更新过程

输入：$x_i(i = 1, 2, \cdots, n)$；$p$；$x_*$

输出：$x_i^{t+1}$

1： **if** $rand > r_i$ **then**

2：   **for** 遍历 $x_i^{t+1}$ 中的每个维度 **do**

3：     产生随机数 $l$

4：     **if** $l \leqslant p$ **then**

5：       由式（3-7）更新 $x_i^t$ 的一个维度

6：     **end if**

7：   **end for**

8： **end if**

---

集成随机黑洞模型可以为蝙蝠算法带来如下的性能提升：

1）增强全局搜索能力。

不同于真实的黑洞，在每次迭代中，个体的速度 $v_i$ 都会被保存并参与迭代计算。通过这种机制，个体的每个维度值都有可能被随机黑洞捕获，并且依然有机会在下次迭代中逃离黑洞，这将大大增强算法的全局搜索能力。

2）加快收敛速度，提升开拓区域。

由于随机黑洞是围绕当前群体最优解 $x_*^t$ 产生的，这对算法获取更精确的解而言非常关键。一方面，如果 $x_*^t$ 确实靠近真实的全局最优解，则随机黑洞模型将围绕 $x_*^t$ 进行全面、彻底的搜索，这有助于加快收敛速度。另一方面，如果 $x_*^t$ 靠近的是一个局部最优解，则随机黑洞模型也可帮助个体逃离局部最优解，从而避免早熟收敛。

3）提升算法随机搜索的效率。

有效作用半径 $r_d$ 可以被分段化处理，以提升算法随机搜索的效率。在算法迭代的初始阶段，因为随机初始化的解基本会远离真实的全局最优解，所以为了提升个体的搜索视野，$r_d$ 会被赋予一个相对较大的值。随着迭代的进行，算法将得到一个相对好的当前群体最优解，此时一个过大的有效作用半径会不利于种群寻找更好的解，所以 $r_d$ 的值应当被缩小到一个合适的范围。值得一提的是，$r_d$ 在算法中并不依赖于其他任何参数，因此可以很方便地调节，这一机制对提升算法随机搜索的效率具有重大意义。

## 3.3 改进的单目标蝙蝠算法及其性能评价

### 3.3.1 改进的单目标蝙蝠算法 RCBA

通过集成混沌映射和随机黑洞模型，这里提出一个改进的单目标蝙蝠算法 RCBA，其具体实施过程见算法 3-3（算法中的"%"表示注释）。

---

算法 3-3：RCBA 的具体实施过程

  输入：$x_i$；$v_i$；$A_i^0$；$f_{\min}$；$f_{\max}$；$r_i^0$

  输出：$x_*$；$f_*$

1： 根据初始化值计算出所有拟合值

2： **while** $t<$ 最大迭代次数 **do**

3：  随机生成阈值 $p$ 和参数 $\mu$，由式（3-1）~式（3-3）得到新的解

4：  **if** $rand>r_i^t$ **then** %使用随机黑洞模型

5：   **for** 遍历 $x_i^{t+1}$ 中的每个维度 **do**

6：    随机生成 l

7：    **if** $l \leqslant p$ **then**

8：     由式（3-7）更新 $x_i^{t+1}$ 的一个维度 $x_i^{t+1}(b)$

9：    **end if**

10：   **end for**

11：  **end if**

12：  使用 $x_i^{t+1}$ 生成新的拟合值 $f_{\text{new}}$

13：  **if** $rand<A_i^t$ 且 $f_{\text{new}} < fitness(i)$ **then**

14：   接纳新生成的解

15：  **end if**

16：  所有个体排序，得到当前群体最优解 $x_*$

17：  由混沌映射更新 $A_i^{t+1}$ 及 $r_i^{t+1}$

18： **end while**

19： 给出最终解

---

与单目标蝙蝠算法相比，RCBA 具有如下优势：

**1. 有效降低了早熟收敛**

启发式算法通常容易出现早熟收敛问题，如 PSO，而 RCBA 引入了混沌映射，这有利于为算法提供多样性的解，从而有助于个体逃离局部最优解。与此同时，随机黑洞模型的使用将增大种群的开拓区域，提升个体视野，这些都有助于预防早熟收敛。

**2. 增加开拓区域，加快算法收敛速度**

单目标蝙蝠算法使用随机漫步来更新个体位置，而在 RCBA 中，随机漫步被随机黑洞模型替代，这有助于增强个体在当前群体最优解附近的搜索能力，扩大搜索范围，从而加快算法收敛速度。

在 RCBA 中，个体位置 $x_i^t$ 中的每个维度 $x_i^t(b)$ 是可以独自更新的，并且在每步迭代中有不同的更新参数，其具体更新公式见式（3-7），其中 $x_*^t$、$\mu$ 在每步迭代中各自更新一次，因此每步迭代参数均不同，这大大提升了种群的开拓能力。但是，在单目标蝙蝠算法中，$x_i^t$ 的各个维度是同时更新的，不能实现单个维度的更新，与此同时，在所有迭代过程中，参数 $\xi$ 都是相同的，具体可见式（3-4）。因此，与单目标蝙蝠算法相比，RCBA 的收敛速度要快得多。

事实上，在 RCBA 中，并不是所有 $x_i^t$ 的维度都会被更新。正如算法 3-3 所示，$p$ 和 $l$ 都是随机数，在每步迭代中都会变化，而只有当 $l \leqslant p$ 时，相应的维度才会被更新。

对于随机黑洞模型而言，选择合适的有效作用半径 $r_d$ 及阈值 $p$ 是至关重要的。如果选取的 $r_d$ 的值太大，下一次生成的解就会远离全局最优解；如果选取的 $r_d$ 过小，则不利于个体视野的提升。至于阈值 $p$，它直接决定了个体中的维度被随机黑洞吸收的概率。如果 $p$ 过大，会导致过多的维度被随机黑洞吸收，这将对算法的收敛性产生负面影响；如果 $p$ 过小，$x_i^t$ 中被随机黑洞吸收的维度数将会很少，这会限制个体的开拓能力，从而降低算法收敛速度。因此，对 RCBA 而言，必须合理地选择有效作用半径 $r_d$ 及阈值 $p$。

### 3.3.2 改进的单目标蝙蝠算法性能

为了验证提出的 RCBA 的有效性，这里使用五个典型的测试函数 Sphere、Ackley、Griewangk、Rastrigin 和 Rosenbrock，各测试函数的定义见表 3-1。为了更充分地揭示 RCBA 的先进性，每个测试函数使用了四种不同的维度，分别是 2、10、30 和 50 维，其仿真结果见表 3-2~表 3-5。

表 3-1　测试函数的定义（$d$ 为 $x$ 的维度）

| 函数名称 | 全局最优解 | 变量范围 | 函数定义 |
|---|---|---|---|
| Sphere | $f(\vec{0}) = 0$ | $[-100, 100]^d$ | $f(\boldsymbol{x}) = \sum_i^i x_i^2$ |
| Ackley | $f(\vec{0}) = 0$ | $[-32.768, 32.768]^d$ | $f(\boldsymbol{x}) = -20\exp\left(-0.2\sqrt{\dfrac{1}{d}\sum_{i=1}^d x_i^2}\right) - \exp\left[\dfrac{1}{d}\sum_{i=1}^d \cos(2\pi x_i)\right] + 20 + \exp(1)$ |
| Griewangk | $f(\vec{0}) = 0$ | $[-600, 600]^d$ | $f(\boldsymbol{x}) = \dfrac{1}{4000}\sum_{i=1}^d x_i^2 - \prod_{i=1}^d \cos\left(\dfrac{x_i}{\sqrt{i}}\right) + 1$ |
| Rastrigin | $f(\vec{0}) = 0$ | $[-5.12, 5.12]^d$ | $f(\boldsymbol{x}) = 10d + \sum_{i=1}^d \left[x_i^2 - 10\cos(2\pi x_i)\right]$ |
| Rosenbrock | $f(\vec{1}) = 0$ | $[-2.048, 2.048]^d$ | $f(\boldsymbol{x}) = \sum_{i=1}^{d-1}\left[100(x_{i+1} - x_i^2)^2 + (x_i - 1)^2\right]$ |

表 3-2　2 维仿真结果

| 函数名称 | RCBA | GA | ICS |
|---|---|---|---|
| Sphere | $2.0327\times10^{-47}$ | $4.5\times10^{-9}$ | $1.2\times10^{-13}$ |
| Ackley | $8.8818\times10^{-16}$ | $6.3\times10^{-6}$ | $5.02\times10^{-7}$ |
| Griewangk | 0 | — | — |
| Rastrigin | 0 | $1.5\times10^{-8}$ | $6.5\times10^{-9}$ |
| Rosenbrock | $4.521\times10^{-23}$ | $8.87\times10^{-5}$ | $5.10\times10^{-7}$ |

表 3-3　10 维仿真结果

| 函数名称 | RCBA | CLPSO | ABC |
|---|---|---|---|
| Sphere | $3.824\times10^{-44}$ | $5.15\times10^{-29}$ | $4.86\times10^{-17}$ |
| Ackley | $8.8818\times10^{-16}$ | $4.32\times10^{-10}$ | $2.3\times10^{-16}$ |
| Griewangk | 0 | $4.56\times10^{-3}$ | $1.04\times10^{-3}$ |
| Rastrigin | 0 | 2.46 | $4.44\times10^{-17}$ |
| Rosenbrock | $7.8494\times10^{-24}$ | $8.87\times10^{-5}$ | 0.107 |

表 3-4　30 维仿真结果

| 函数名称 | RCBA | GWO | PSO |
|---|---|---|---|
| Sphere | $3.0493\times10^{-43}$ | $6.5900\times10^{-28}$ | $1.3600\times10^{-4}$ |
| Ackley | $1.4409\times10^{-15}$ | $1.0600\times10^{-13}$ | 0.27601 |
| Griewangk | 0 | $4.4850\times10^{-3}$ | $9.2150\times10^{-3}$ |
| Rastrigin | $2.5725\times10^{-3}$ | $3.1052\times10^{-13}$ | 46.704 |
| Rosenbrock | $7.9403\times10^{-12}$ | 26.812 | 96.718 |

表 3-5　50 维仿真结果

| 函数名称 | RCBA | ABC | PSO | FEA-PSO | FEA-GA |
|---|---|---|---|---|---|
| Sphere | $2.1\times10^{-42}$ | $6.4\times10^{-16}$ | $3.60\times10^{-3}$ | $5.7\times10^{-17}$ | $9.39\times10^{-3}$ |
| Ackley | $8\times10^{-15}$ | 8.22 | $4.3\times10^{-14}$ | $1.3\times10^{-14}$ | $2.08\times10^{-2}$ |
| Griewangk | 0 | $4.4\times10^{-12}$ | $1.01\times10^{-2}$ | $9.10\times10^{-2}$ | $9.88\times10^{-2}$ |
| Rastrigin | $4.35\times10^{-4}$ | $3.8\times10^{-13}$ | — | — | — |
| Rosenbrock | $7.32\times10^{-8}$ | 30.8 | 60.9 | 2.99 | 73.8 |

　　表 3-2 中各测试函数的维度均为 2，可以看出与 GA 和 ICS 取得的结果相比，RCBA 在 5 个测试函数中都取得了最优解，其解的精度也远高于其他两种算法，特别是在测试函数 Griewangk 和 Rastrigin 中，RCBA 取得了和真值一样的解。在表 3-3 中，维度上升为 10 维，除了测试函数 Ackely 外，RCBA 在另外 4 个测试函数中均取得了最优解，同样，在测试函数 Griewangk 和 Rastrigin 中，RCBA 取得了和真值一样的解。当维度上升为 30 维时，从表 3-4 中可以看出，与 GWO 和 PSO 相比，RCBA 在 5 个测试函数中都取得了最小值。而当维度达到 50 维时，从表 3-5 中可以看出，除测试函数

Rastrigin 外，RCBA 取得的解都优于其他算法。不仅如此，在不同维度的比较中，RCBA 不仅在大多数场合中取得了最好的解，而且在解的数量级上也远超其他算法。表 3-5 中，维度为 50，在测试函数 Rosenbrock 中，RCBA 取得的最优解为 $7.32\times10^{-8}$，其精度远高于其余 4 种算法的求解值（分别为 30.8、60.9、2.99 及 73.8）。通过以上比较可以看出，对于给出的 5 个典型的测试函数及相对应的不同维度，RCBA 的性能远优于其他参与比较的算法。

随机黑洞模型中有效作用半径 $r_d$ 的选取是 RCBA 性能的关键，下面以 30 维度的测试函数 Sphere 为例来进一步阐述。图 3-2a 所示为测试函数 Sphere 的 5 个仿真实例，每个实例使用了不同的 $r_d$ 值。为了更加公平地体现算法的性能，这 5 个仿真实例使用了相同的初始值。从图 3-2a 中可见，实例 3 和 4 的收敛性能最差，与其他 3 个实例相比，实例 3 和 4 取得了相对差的适应度值，而这 5 个实例的区别仅在于使用了不同的有效作用半径 $r_d$。同时，注意到实例 3 和 4 使用的 $r_d$ 值相对较小，分别为 $1\times10^{-6}$ 和 $1\times10^{-9}$，这说明过小的 $r_d$ 值不利于算法的收敛。

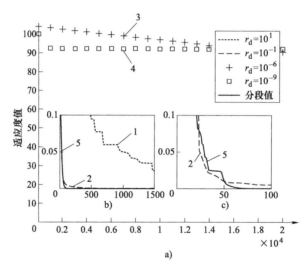

图 3-2　不同 $r_d$ 值对求解结果的影响

a）使用不同 $r_d$ 值时测试函数 Sphere 的求解过程　b）图 3-2a 的放大视角（1）　c）图 3-2a 的放大视角（2）

这也可以从物理层面解释，如果 $r_d$ 值过小，个体的开拓区域将会被限制在一个较小的空间，在算法执行的初始阶段，必将降低个体的视野，限制算法的收敛速度，如果这种状况持续下去，算法最终将得到比较差的结果。

接下来分析图 3-2 中的其他 3 个仿真实例，即实例 1、2 和 5。在图 3-2a 中，这 3 个仿真实例对应的曲线几乎重叠在了一起，为了更加清楚地显示它们的不同特性，图 3-2b 给出了在［0，1500］步范围内的收敛情况，可以看到，当 $r_d$ 值为 1 时，与其他 2 个实例相比，算法的收敛性要差很多。第 5 个实例使用了分段的 $r_d$ 值，这将在图 3-2c 中展示，这里仅比较 $r_d$ 值为 1 和 0.1 时的情形。从图 3-2b 中可见，当 $r_d = 0.1$

时，算法的收敛性明显强于 $r_d = 1$ 时的情形，说明随机黑洞模型中有效作用半径 $r_d$ 的值不能增加太多（相比于实例 3 和 4 来说），这同样不利于算法收敛。但是 $r_d = 1$ 时的仿真实例也提供了一个重要信息，即对于测试函数 Sphere 来说，$r_d = 1$ 也几乎是 $r_d$ 值的选择上限，显然，如果 $r_d$ 取更大的值，算法的收敛性能必然下降。

上述分析促进了一个新想法的提出，即不管是在算法执行的初始阶段，还是在算法执行的后期，能否将有效作用半径 $r_d$ 的值进行分段化处理，以便提升 RCBA 的收敛性能？实例 5 给出了肯定的答案。图 3-2c 所示为在 $[0, 100]$ 步时，$r_d = 0.1$ 及 $r_d$ 为分段值时 RCBA 的收敛情况。表 3-6 显示了 $r_d$ 在不同迭代时段的值，在算法执行的前50 步，实例 2 和实例 5 使用了相同的 $r_d$ 值，并且由于这 5 个仿真实例的随机初始值都相同，因此当算法执行到第 50 步时，实例 2 和实例 5 几乎获得了相同的解。但是在此之后，实例 5 降低了 $r_d$ 值（依次设置为 $1 \times 10^{-3}$，$1 \times 10^{-4}$，…），比起实例 2 使用固定的 $r_d$ 值，实例 5 获得了更好的收敛性能。因此，分段化 $r_d$ 值为 RCBA 获得更好的收敛性能提供了行之有效的解决方案。

表 3-6　$r_d$ 在不同迭代时段的值

| 步数 | $[0, 50)$ | $[50, 100)$ | $[100, 200)$ | $[200, 300)$ | $[300, 400)$ |
|---|---|---|---|---|---|
| $r_d$ | 0.1 | $1 \times 10^{-3}$ | $1 \times 10^{-4}$ | $1 \times 10^{-6}$ | $1 \times 10^{-9}$ |
| 步数 | $[400, 500)$ | $[500, 600)$ | $[600, 700)$ | $[700, 2e4)$ | |
| $r_d$ | $1 \times 10^{-12}$ | $1 \times 10^{-14}$ | $1 \times 10^{-17}$ | $1 \times 10^{-20}$ | |

随之而来的一个问题是，为什么 $r_d$ 值需要越来越小呢？这可以从实际情况的角度来解释。在算法执行的初始阶段，所有解都是随机产生的，基本上远离实际的最优解，此时个体需在较大的空间上探索，故 $r_d$ 需要设置得较大。而随着算法迭代的进行，算法已经得到了相对较好的解，此时则需限制个体的开拓区域，因此，$r_d$ 需随着迭代次数的增加而减小，图 3-2c 中的实例 5 即说明了这一现象。

总之，相比前面提到的主流算法，RCBA 取得了更好的性能，而随机黑洞模型中的有效作用半径 $r_d$ 则对 RCBA 的性能起着重要的支撑作用。

## 3.4　仿真实例

### 3.4.1　随机风能的数学模型描述

通常有两种方法来处理经济调度中的随机风能，第一种是基于随机规划策略，即只考虑火力发电机组的发电成本，而把风能看作随机约束条件；第二种是基于确定性的模型，这种模型的优点在于可以综合考虑风能的过估计与欠估计造成的影响，并把风能带来的影响加入优化目标函数中。

为了更好地切合 RCBA，这里使用第二种方法，即确定性随机风能模型。一般来说，火力发电机组的调度值等于其功率输出值。然而，对于风力发电来说，由于风能的随机特性，某一时刻可获得的风能是一个随机值，其在很大程度上不会等于调度中心给出的调度值，因此一般的风电场都会安装相匹配的储能电池，以此弥补随机风能在调度上的不足，如果给出的调度值小于当时可获得的风能，则储能电池充电，反之则储能电池放电。为了描述随机风能带来的发电成本的变化，风力发电的成本可以表示为

$$g_j(W_j) = q_j W_j + C_{\mathrm{rw},j} E(Y_{\mathrm{oe},j}) + C_{\mathrm{pw},j} E(Y_{\mathrm{ue},j}) \tag{3-8}$$

式中，$g_j$ 为成本系数；$C_{\mathrm{rw},j}$ 为第 $j$ 个风电场可获得的风能有剩余能量时对应的成本系数（此时即对应"欠估计"）；$C_{\mathrm{pw},j}$ 为可获得的风能不足而需向电网购买电能时对应的成本系数（此时即对应"过估计"）；$C_{\mathrm{rw},j}E(Y_{\mathrm{oe},j})$ 和 $C_{\mathrm{pw},j}E(Y_{\mathrm{ue},j})$ 分别为第 $j$ 个风电场可获得的风能在欠估计和过估计时导致的成本变化量。

$E(Y_{\mathrm{oe},j})$ 和 $E(Y_{\mathrm{ue},j})$ 可以分别表示为

$$
\begin{aligned}
E(Y_{\mathrm{oe},j}) = {} & w_j \left[ 1 - \exp\left( - \frac{v_{\mathrm{in},j}^{k_j}}{c_j^{k_j}} \right) + \exp\left( - \frac{v_{\mathrm{out},j}^{k_j}}{c_j^{k_j}} \right) \right] + \\
& \left( \frac{w_{r,j} v_{\mathrm{in},j}}{v_{r,j} - v_{\mathrm{in},j}} + w_j \right) \left[ \exp\left( - \frac{v_{\mathrm{in},j}^{k_j}}{c_j^{k_j}} \right) - \exp\left( - \frac{v_{1,j}^{k_j}}{c_j^{k_j}} \right) \right] + \\
& \frac{w_{r,j} c_j}{v_{r,j} - v_{\mathrm{in},j}} \left\{ \Gamma\left[ 1 + \frac{1}{k_j}, \left( \frac{v_{1,j}}{c_j} \right)^{k_j} \right] - \Gamma\left[ 1 + \frac{1}{k_j}, \left( \frac{v_{\mathrm{in},j}}{c_j} \right)^{k_j} \right] \right\}
\end{aligned} \tag{3-9}
$$

及

$$
\begin{aligned}
E(Y_{\mathrm{ue},j}) = {} & (w_{r,j} - w_j) \left[ \exp\left( - \frac{v_{r,j}^{k_j}}{c_j^{k_j}} \right) - \exp\left( - \frac{v_{\mathrm{out},j}^{k_j}}{c_j^{k_j}} \right) \right] + \\
& \left( \frac{w_{r,j} v_{\mathrm{in},j}}{v_{r,j} - v_{\mathrm{in},j}} + w_j \right) \left[ \exp\left( - \frac{v_{r,j}^{k_j}}{c_j^{k_j}} \right) - \exp\left( - \frac{v_{1,j}^{k_j}}{c_j^{k_j}} \right) \right] + \\
& \frac{w_{r,j} c_j}{v_{r,j} - v_{\mathrm{in},j}} \left\{ \Gamma\left[ 1 + \frac{1}{k_j}, \left( \frac{v_{1,j}}{c_j} \right)^{k_j} \right] - \Gamma\left[ 1 + \frac{1}{k_j}, \left( \frac{v_{r,j}}{c_j} \right)^{k_j} \right] \right\}
\end{aligned} \tag{3-10}
$$

式中，$w_j$ 为第 $j$ 个风力发电机发出的实际有功功率；$w_{r,j}$ 为第 $j$ 个风力发电机的额定功率；$c_j$ 为 Weibull 分布的尺度因子；$v_1 = v_{\mathrm{in}} + (v_r - v_{\mathrm{in}}) w_1 / w_r$；$v_{\mathrm{in}}$ 和 $v_{\mathrm{out}}$ 分别为风力发电机的切入和切出速度；$\Gamma$ 为 Gamma 函数。

### 3.4.2　电力系统经济调度数学模型

发电机的发电成本函数可通过点火试验产生的数据获取，为了保障数据的完整性，试验要求覆盖整个可操作区域。大型火力发电机的涡轮通常有几个燃料阀门，当火力发电机组需要增大发电功率时，这些燃料阀门会一个接一个地开启。当其中一个燃料阀门开启时，与之对应的节流损耗（Throttling Losses）会快速增加，这将导致增量热耗率（Incremental Heat Rate）瞬间快速增长，这种现象即称为阀点效应，它会使

得热耗率曲线出现起伏，并使得目标函数不连续、非凸，并且出现多个极小值点。如果忽略阀点效应的影响，发电机的发电成本曲线可以使用二次函数刻画，但如果考虑精确建模，那么阀点效应就必须考虑进来。对此，一般有两种途径来处理阀点效应，其一是使用分段二次函数，其二是使用正弦函数。这里为了便于与其他算法进行性能比较，暂不考虑阀点效应对发电成本的影响。

根据上述分析，单个火力发电机组的发电成本可以表述为

$$f_i(P_i) = a_i P_i^2 + b_i P_i + c_i, \ i \in [1, 2, \cdots, N_g] \tag{3-11}$$

式中，$a_i$、$b_i$ 和 $c_i$ 为第 $i$ 个发电机的发电成本系数；$P_i$ 为第 $i$ 个发电机输出的有功功率；$N_g$ 为发电机的个数。

经济调度的目的是最小化总的发电成本，可用式（2-1）或式（2-2）表示。其优化目标就是在满足一定约束条件的情况下，在某个调度时刻，优化每台发电机的发电量，使得所有发电机的发电成本之和最小。

### 3.4.3　含随机风能的经济调度求解过程

#### 1. 含随机风能的经济调度目标函数

在考虑风能的欠估计与过估计时，风力发电的成本可以用式（3-8）描述，综合考虑火力发电机组与风力发电机组后，总的发电成本函数可以表示为

$$J = \sum_{i=1}^{N_g} f_i(P_i) + \sum_{j=1}^{N_w} g_j(W_j) \tag{3-12}$$

式中，$N_w$ 为风电场数量。

#### 2. 约束条件

在执行经济调度时，需满足的典型约束条件如下：

1）发电机输出有功功率约束。

发电机在正常工作时，其有功功率必须满足一定的限制条件，对于火力发电机组，其有功功率不能超出上下限，如式（2-3）所示，考虑到风力发电机组的功率约束，这里额外增加风力发电机组的输出有功功率约束，即

$$W_j^{\min} \leqslant W_j \leqslant W_j^{\max} \tag{3-13}$$

式中，$W_j^{\min}$ 和 $W_j^{\max}$ 分别为第 $j$ 个风电场的最小和最大有功功率输出。

2）负荷供需平衡约束。

电能不便于存储，因此电网中的实时发电量必须和实时负荷相等，如果只考虑火力发电机组，则负荷供需平衡约束可见式（2-5），如果考虑了风力发电机组，则式（2-5）可拓展为

$$\sum_{i=1}^{N_g} P_i + \sum_{j=1}^{N_w} W_j = P_d + P_{loss} \tag{3-14}$$

式中，$P_d$ 和 $P_{loss}$ 的定义与第 2 章相同。

有功损耗在这里使用 $B$ 系数法来计算，具体为

$$P_{\text{loss}} = \sum_{i=1}^{N_{\text{g}}} \sum_{j=1}^{N_{\text{g}}} P_i B_{ij} P_j + \sum_{i=1}^{N_{\text{g}}} B_{0i} P_i + B_{00} \tag{3-15}$$

式中，$B_{ij}$、$B_{0i}$ 和 $B_{00}$ 为常数。

3）火力发电机组爬坡约束，见式（2-11）和式（2-12）。

4）火力发电机组禁止操作区域约束，见式（2-13）。

**3. 含随机风能的经济调度求解过程**

综合上述约束条件来看，有不等式约束，也有等式约束。不等式约束一般可以通过变量的上下界来限定，以保证算法在合适的范围内寻优。等式约束常采用惩罚函数法来处理，通过施加一个惩罚因子 $\lambda$，并联合式（3-12）和式（3-14），可以得到如下的目标函数，即

$$J_{\text{total}} = \sum_{i=1}^{N_{\text{g}}} f_i(P_i) + \sum_{j=1}^{N_{\text{w}}} g_j(W_j) + \lambda \left| \sum_{i=1}^{N_{\text{g}}} P_i + \sum_{j=1}^{N_{\text{w}}} W_j - P_{\text{d}} - P_{\text{loss}} \right| \tag{3-16}$$

不等式约束包含火力发电机组和风力发电机组的发电机输出有功功率约束、火力发电机组爬坡约束和火力发电机组禁止操作区域约束。

求解算法选用 RCBA，这里涉及混沌映射的选取。一般来讲，对于同一个优化目标函数，不同的混沌映射带来的优化结果可能会有显著不同，这需要将不同的混沌映射代入算法中进行验证。本章共三个算例分析，通过实验对比，在第一个算例分析中，$r_i$ 选用的混沌映射函数为

$$r_i^{t+1} = \zeta (r_i^t)^2 \sin(\pi r_i^t) \tag{3-17}$$

式中，$\zeta$ 为 2.3。

在后两个算例分析中，$A_i$ 和 $r_i$ 分别被如下的混沌映射更新，即

$$A_i^{t+1} = \begin{cases} A_i^t / 0.7 & \text{if } A_i^t < 0.7 \\ 10(1 - A_i^t)/3 & \text{if } A_i^t \leqslant 0.7 \end{cases} \tag{3-18}$$

$$r_i^{t+1} = r_i^t + 0.2 - \left[ \left( \frac{0.5}{2\pi} \right) \sin(2\pi r_i^t) \right] \bmod 1 \tag{3-19}$$

使用 RCBA 求解电力系统经济调度问题的过程如图 3-3 所示，详细步骤如下。

步骤 1：输入系统参数，包括目标函数中的火力发电机组相关参数、风力发电机组相关参数和系统负荷等，同时确定惩罚系数和混沌映射参数。

步骤 2：算法迭代开始，遍历每一个个体，先用式（3-1）和式（3-2）更新个体的频率和速度值，再用式（3-3）更新个体位置。此时，为防止个体搜索时跳出变量的可行域，需进行约束处理。

步骤 3：确定与 RCBA 相关的参数，例如种群大小、算法迭代次数和结束条件，初始化算法中蝙蝠发送超声波的脉冲响度 $A_i$、脉冲发送率 $r_i$ 和频率 $f$。在变量的约束范围内，随机产生一组解，使用式（3-16）计算与这些解对应的适应度值，从中挑选出当前的最优解 $F_{\text{best}}$。

步骤 4：在新生成的个体位置附近，使用随机黑洞模型更新解。先给定随机黑洞

模型的有效作用半径 $r_d$ 和引力阈值 $p$，使用算法 3-2 对新生成个体位置中的每个维度进行单独更新。在算法执行过程中，依据迭代进度，可以使用不同的有效作用半径值，以加快算法的收敛速度。

步骤 5：根据生成的新解，用式（3-16）计算当前个体对应的适应度值 $F_{new}$。

步骤 6：如果 $F_{new}$ 小于当前个体之前的最好适应度值，并且当前的脉冲响度小于之前的脉冲响度，则记录下新生成的解和对应的适应度值，否则跳转到步骤 9。

步骤 7：使用混沌映射更新脉冲响度 $A_i$ 及脉冲发送率 $r_i$。

步骤 8：如果新生成的解小于全局最优解，则接受当前新生成的解及其适应度值，否则跳转到步骤 9。

步骤 9：记录迭代过程信息。

步骤 10：如果迭代次数已到（或满足迭代结束的条件）则求解结束，否则跳转到步骤 3，继续迭代。

需要说明的是，图 3-3 中的迭代结束条件使用了固定的次数 $N_{gen}$，该迭代次数是在多次试验后得出的，也可以使用误差法来判断迭代是否可以结束，即计算前两次迭代结果的差，当其小于一个预定义的阈值时，即可结束迭代过程。

**4. 含随机风能的经济调度仿真与分析**

这里通过三个测试系统来验证使用 RCBA 求解经济调度问题的有效性。首先，对于含随机风能的经济调度问题，算例分

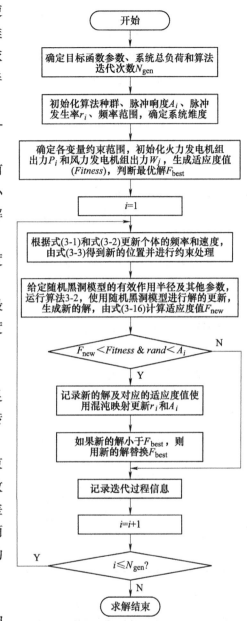

图 3-3　使用 RCBA 求解电力系统经济调度问题的过程

析 1 结合一个 6-bus 系统给出了含火力发电机组与风力发电机组的调度结果，并且与已有结果进行了比较分析。然后，算例分析 2 通过一个 26-bus 系统（包含 6 个发电机，46 条传输线路）进行了实例仿真。最后，为验证 RCBA 对高维度系统的有效性，算例分析 3 针对一个含 38 个火电机组的系统给出了仿真结果。本章中涉及的有功功率、燃料成本和 CPU 计算时间的单位分别是 MW、美元/h 和 s，所有仿真运行于 Windows 7 操作系统上，PC 使用 3.6GHz 的 Intel core i7 处理器，内存为 8GB。

在算例分析 1 和算例分析 2 中，随机黑洞模型的参数 $p$ 都设置为 0.45，$r_d$ 根据仿真步数，在 [1，25] 和 [26，500] 上分别设置为 42 和 2。在算例分析 3 中，$p$ 和 $r_d$ 分别设置为 0.25 和 2。在实际应用中，针对不同场合，以上两个参数应该进行适当修改。此外，为了表述方便，火电机组和风电机组在后续的图和表中分别使用 TG 和 WT 来表示。

### 3.4.4 算例分析

#### 1. 算例分析 1

本算例的仿真对象为一个 6-bus 系统，包含三个火电机组和一个风电机组，其单线图如图 3-4 所示，总负荷 $P_d$ 为 600MW，其中 $a_i$、$b_i$ 和 $c_i$ 的单位分别为美元/（MW$^2$·h）、美元/（MW·h）和美元/h。如无特殊说明，所有涉及有功功率的单位都是 MW，表 3-7 为算例分析 1 中火力发电机组的相关参数，表 3-8 为风力发电机组的相关参数，其中的参数 $(c, k)$ 为 Weibull 分布中的参数。

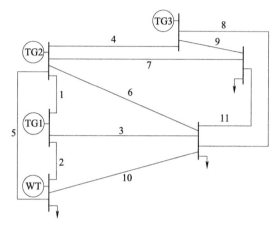

图 3-4  6-bus 系统单线图

表 3-7  算例分析 1 中火力发电机组的相关参数

| TG | $a_i$ | $b_i$ | $c_i$ | $P_{i,\min}/MW$ | $P_{i,\max}/MW$ |
|---|---|---|---|---|---|
| 1 | 0.00142 | 7.2 | 510 | 150 | 600 |
| 2 | 0.00194 | 7.85 | 310 | 100 | 400 |
| 3 | 0.00482 | 7.97 | 78 | 50 | 200 |

表 3-8  风力发电机组的相关参数

| $v_{in}$ | $v_{out}$ | $v_r$ | $(c, k)$ |
|---|---|---|---|
| 5 | 45 | 15 | (8, 2) |
| $q_j$ | $C_{pw, j}$ | $C_{rw, j}$ | $W_r$ |
| 6 | 3.1 | 3.1 | 160 |

这里将 RCBA 中的 $N_P$、$f_{\min}$ 和 $f_{\max}$ 分别设置为 40、0 和 1。为了便于和已有文献比较，首先假定仿真对象不受约束限制，火电机组和风电机组的有功功率 $P_i$ 和 $W_j$ 随机在 [0，600] MW 之间产生。图 3-5 所示为使用 RCBA 求解的两组随机结果。

在图 3-5a 中，最优解为 $P_1 = 365.0168MW$，$P_2 = 105.0158MW$，$P_3 = 29.3694MW$，$W_1 = 100.5956MW$，总的发电成本为 5611.8 美元/h。在图 3-5b 中，最优解为 $P_1 = 370.2914MW$，$P_2 = 99.8921MW$，$P_3 = 28.2900MW$，$W_1 = 101.5138MW$，总的发电成

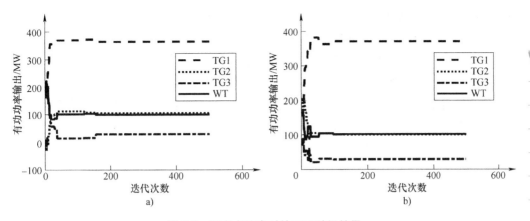

图 3-5　不考虑约束时的两组随机结果

a）随机结果 1　b）随机结果 2

本为 5611.7 美元/h。由于没有约束限制，从图 3-5a 中可以看到，TG2 的值在求解过程中可能为负。图 3-5 中两个随机结果的收敛步数分别是 155 和 96，这说明 RCBA 在取得了和现有相同仿真实验几乎一致的发电成本的同时，收敛步数还远小于现有相同仿真实验中上万次的收敛步数。图 3-6a 所示为图 3-5a 中发电成本的收敛过程曲线。

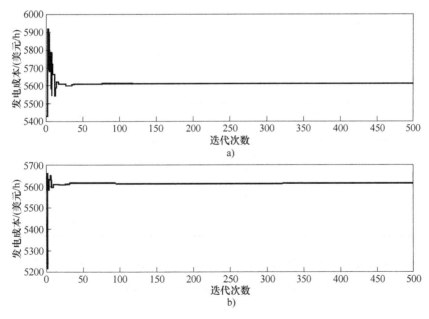

图 3-6　发电成本的收敛过程曲线

a）图 3-5a 中发电成本的收敛过程曲线　b）图 3-7a 中发电成本的收敛过程曲线

接下来，在经济调度模型中考虑火力发电机组和风力发电机组的有功约束，图 3-7 同样给出了使用 RCBA 生成的两组随机结果。在图 3-7a 中，最优解为 $P_1 = 353.30$MW，$P_2 = 100.00$MW，$P_3 = 50.00$MW，$W_1 = 96.69$ MW，总的发电成本为 5614.35 美元/h。在图 3-7b 中，最优解为 $P_1 = 352.43$MW，$P_2 = 100.00$MW，$P_3 = 50.00$MW，$W_1 =$

97.57MW，总的发电成本为 5614.40 美元/h。图 3-7 表明，由于约束条件的限制，TG3 的有功输出被限制在 50MW，然而在图 3-5 的两个随机结果中，TG3 的有功输出均小于 50MW。因此，图 3-7 中给出的发电成本要略大于图 3-5 中给出的发电成本，图 3-7a 中发电成本的收敛过程曲线如图 3-6b 所示。表 3-9 给出了包含有功约束时几种算法得到的发电成本，其中的前两行为使用 RCBA 求解时的两次随机结果，后两行分别为使用分布式算法和 GA 得到的结果。可以看出，两次使用 RCBA 算法得到的结果都优于其他两种算法得到的结果。

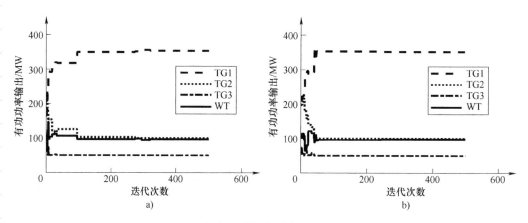

图 3-7　考虑有功约束时的两组随机结果

a）随机结果 1　b）随机结果 2

表 3-9　包含有功约束时几种算法得到的发电成本

| 算法 | $P_1$/MW | $P_2$/MW | $P_3$/MW | $W_1$/MW | 发电成本 |
|---|---|---|---|---|---|
| RCBA（随机结果 1） | 353.30 | 100.00 | 50.00 | 96.69 | 5614.35 |
| RCBA（随机结果 2） | 352.43 | 100.00 | 50.00 | 97.57 | 5614.40 |
| 分布式算法 | 351.78 | 100.02 | 50.02 | 98.17 | 5614.45 |
| GA | 349.06 | 103.57 | 50.03 | 97.38 | 5614.70 |

可以看出，在求解含随机风能的电力系统经济调度问题中，同等情况下，RCBA 不仅能取得最优的仿真结果，而且在收敛速度上也具有优势。

**2. 算例分析 2**

在算例分析 1 中，只包含了有功约束，而在本算例分析中将会考虑所有约束条件。需要指出的是，算例分析 2 和算例分析 3 的主要目的是更进一步揭示 RCBA 求解电力系统经济调度问题的有效性，另外，由于没有合适的比较对象，此处的模型没有包含随机风能。本算例分析所选对象含 6 个发电机、26 条母线和 46 条传输线路，系统总负荷为 1263MW。发电机的基本参数见表 3-10，爬坡约束和禁止操作区域见表 3-11，计算线路损失用的 $B$ 系数可表示为

$$
\begin{cases}
B_{ij} = \begin{pmatrix}
0.0017 & 0.0012 & 0.0007 & -0.0001 & -0.0005 & -0.0002 \\
0.0012 & 0.0014 & 0.0009 & 0.0001 & -0.0006 & -0.0001 \\
0.0007 & 0.0009 & 0.0031 & 0.0000 & -0.0010 & -0.0006 \\
-0.0001 & 0.0001 & 0.000 & 0.0024 & -0.0006 & -0.0008 \\
-0.0005 & -0.0006 & -0.0010 & -0.0006 & 0.00129 & -0.0002 \\
-0.0002 & -0.0001 & -0.0006 & -0.0008 & -0.0002 & 0.0150
\end{pmatrix} \\
B_{0i} = 1 \times 10^{-3}(-0.3908 \quad -0.1297 \quad 0.7047 \quad 0.0591 \quad 0.2161 \quad -0.6635) \\
B_{00} = 0.0056
\end{cases}
$$

$$(3\text{-}20)$$

表 3-10　算例分析 2 中发电机的基本参数

| TG | $a_i$ | $b_i$ | $c_i$ | $P_{i,\,min}$/MW | $P_{i,\,max}$/MW |
|----|-------|-------|-------|------------------|------------------|
| 1 | 0.0070 | 7.0 | 240 | 100 | 500 |
| 2 | 0.0095 | 10.0 | 200 | 50 | 200 |
| 3 | 0.0090 | 8.5 | 220 | 80 | 300 |
| 4 | 0.0090 | 11.0 | 200 | 50 | 150 |
| 5 | 0.0080 | 10.5 | 220 | 50 | 200 |
| 6 | 0.0075 | 12.0 | 190 | 50 | 120 |

表 3-11　爬坡约束和禁止操作区域

| TG | $P_i^0$ | $UR_i$ | $DR_i$ | $POZ$ |
|----|---------|--------|--------|-------|
| 1 | 440 | 80 | 120 | [210, 240]、[350, 380] |
| 2 | 170 | 50 | 90 | [90, 110]、[140, 160] |
| 3 | 200 | 65 | 100 | [150, 170]、[210, 240] |
| 4 | 150 | 50 | 90 | [80, 90]、[110, 120] |
| 5 | 190 | 50 | 90 | [90, 110]、[140, 150] |
| 6 | 110 | 50 | 90 | [75, 85]、[100, 105] |

一般来说,在粒子智能算法中,种群数量的增加会有利于生成更好的解,本算例分析中先使用不同的种群数量对这个 26-bus 系统进行仿真,所有仿真步数设定为 50 步,种群数量分别设置为 20、40、60、80、100、200、300、400 和 500,仿真包含了所有的约束条件,每次仿真进行 100 次实验。使用不同种群数量和固定迭代次数的仿真结果见表 3-12,其中涉及发电成本的单位为美元/h,运行时间的单位为 s。

表 3-12　使用不同种群数量和固定迭代次数的仿真结果(100 次实验)

| 种群数量 | 平均发电成本 /(美元/h) | 最大发电成本 /(美元/h) | 最小发电成本 /(美元/h) | 计算时间 /s |
|----------|------------------------|------------------------|------------------------|-------------|
| 20 | 15465.9548 | 15507.1928 | 15449.7836 | 8.01 |
| 40 | 15457.8399 | 15482.2083 | 15444.4645 | 15.85 |
| 60 | 15454.4314 | 15474.9080 | 15443.7245 | 23.71 |

（续）

| 种群数量 | 平均发电成本 /（美元/h） | 最大发电成本 /（美元/h） | 最小发电成本 /（美元/h） | 计算时间 /s |
|---|---|---|---|---|
| 80 | 15452.6279 | 15466.8740 | 15444.7162 | 31.61 |
| 100 | 15452.5690 | 15469.0887 | 15442.5895 | 39.40 |
| 200 | 15448.5894 | 15456.2577 | 15442.6065 | 78.97 |
| 300 | 15447.2940 | 15457.7110 | 15442.2798 | 117.97 |
| 400 | 15446.3940 | 15452.1150 | 15442.7187 | 157.69 |
| 500 | 15445.6212 | 15450.7543 | 15442.1528 | 196.89 |

从表 3-12 中可以看到，平均发电成本、最大发电成本和最小发电成本都随着种群数量的增加而减小，只有计算时间是增加的。所以如果需要更低的发电成本，则需要增加种群数量，并且需要更多的计算时间。因此，需要在发电成本与计算时间之间寻找一个平衡点。此外，还需注意的是，随着种群数量的增加，最小发电成本的下降值并不是很大。

基于以上分析，在本算例分析中，为更好地呈现使用 RCBA 求解电力系统经济调度问题的性能，种群数量 $N_p$ 设置为 200，总迭代次数设置为 50。本算例分析共进行50 次实验，实验数据如图 3-8 所示。图 3-8a 和图 3-8b 分别给出了第 26 次实验的有功功率输出结果和发电成本收敛曲线，图 3-8c 和图 3-8d 分别给出了第 50 次实验中的源荷差和发电成本。其中，源荷差的定义（$m \in [1, 50]$）为

$$e(m) = \left| \sum_{k=1}^{N_g} P_k - P_d - P_{loss}(m) \right| \tag{3-21}$$

下面说明为什么选择第 26 次实验的结果进行展示。在上述的 50 次实验结果中，先给出两条选择最优解的原则，其一是 $\sum P_k < C_1$，其二是 $e(m) < C_2$，这里的 $C_1$ 与 $C_2$ 都是常数。从图 3-8c 和图 3-8d 中可见，在这 50 次实验中，有些实验的源荷差非常小，而其对应的发电成本却较大，也有些实验中的源荷差略大，但其对应的发电成本却较小。因此，在选择最优解的时候，必须在这两者之间做出权衡，以上两条原则的制定也正是基于这一目的。根据上述原则，第 26 次实验的结果被选中为这 50 次实验中的最优结果，其源荷差为 0.02MW，发电成本为 15449.61 美元/h。

表 3-13 给出了 RCBA 与 PSO、GA 和 CBA 各自生成的最优解的比较结果。可以看到，RCBA 得到的线路损耗及燃料成本在参与比较的算法中是最小的。表 3-14 给出了RCBA 与 PSO、GA 和 CBA 在各自的 50 次实验中所获得的最优解的综合比较情况，其中 RCBA 的最优解即来自于第 26 次实验。比较结果表明，除了算法执行时间外，RCBA 在其余 4 项指标中都取得了最小值，特别是在收敛步数上，RCBA 仅需 26 步，几乎是 CBA 的 1/10。在计算时间上，RCBA 为 23.91s，排在第二位。因此，相对而言，RCBA 取得了比 PSO、GA 和 CBA 更好的性能，而且如果增加 RCBA 的种群数量和迭代次数，所获得的解的质量将会进一步提升。总之，本算例分析表明，RCBA 非

常适合处理含约束条件的电力系统经济调度问题。

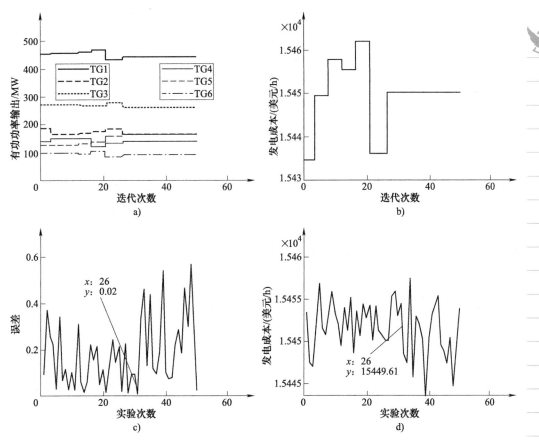

图 3-8　实验数据

a) 使用 RCBA 进行的第 26 次实验得到的有功功率输出结果

b) 使用 RCBA 进行的第 26 次实验生成的发电成本收敛曲线

c) 使用 RCBA 进行的第 50 次实验中生成的源荷差　d) 使用 RCBA 进行的第 50 次实验中生成的发电成本

表 3-13　最优解的比较结果

| 项目 | RCBA | PSO | GA | CBA |
|---|---|---|---|---|
| $P_1$/MW | 444.7021 | 447.4970 | 474.8066 | 447.4187 |
| $P_2$/MW | 175.9130 | 173.3221 | 178.6363 | 172.8255 |
| $P_3$/MW | 256.3328 | 263.4745 | 262.2089 | 264.0759 |
| $P_4$/MW | 142.2861 | 139.0594 | 134.2826 | 139.2469 |
| $P_5$/MW | 169.9175 | 165.4761 | 151.9039 | 165.6526 |
| $P_6$/MW | 86.6873 | 91.27812 | 74.1812 | 86.7625 |
| $\sum P_i$/MW | 1275.84 | 1276.01 | 1276.03 | 1275.982 |
| 线路损耗/MW | 12.9266 | 12.9584 | 13.0217 | 12.9848 |
| 发电成本/(美元/h) | 15449.61 | 15450 | 15459 | 15450.23 |

表 3-14　50 次实验中所获得的最优解的综合比较情况

| 算法 | 平均发电成本 /（美元/h） | 最大发电成本 /（美元/h） | 最小发电成本 /（美元/h） | 计算时间 /s | 收敛步数 |
|---|---|---|---|---|---|
| RCBA | 15452.16 | 15462.23 | 15443.66 | 23.91 | 26 |
| PSO | 15454 | 15492 | 15450 | 14.89 | — |
| GA | 15469 | 15524 | 15459 | 41.58 | — |
| CBA | 15454.76 | 15518.65 | 15450.23 | 35.2 | >250 |

**3. 算例分析 3**

本算例分析的仿真对象包含 38 个火电机组，需要说明的是，本算例分析的目的在于评估 RCBA 是否适用于高维系统，因此为了便于和其他算法进行性能比较，除了负荷供需平衡约束以外，本算例分析并未考虑其他约束，并且忽略了网损。发电机参数见表 3-15，其中 TGs 代表发电机编号，系统总负荷为 6000MW。

表 3-15　算例分析 3 的发电机参数

| TGs | $P_{min}$ /MW | $P_{max}$ /MW | $a_i$ | $b_i$ | $c_i$ | TGs | $P_{min}$ /MW | $P_{max}$ /MW | $a_i$ | $b_i$ | $c_i$ |
|---|---|---|---|---|---|---|---|---|---|---|---|
| 1 | 220 | 550 | 64782 | 796.9 | 0.3133 | 20 | 120 | 272 | 39197 | 696.1 | 0.4921 |
| 2 | 220 | 550 | 64782 | 796.9 | 0.3133 | 21 | 120 | 272 | 45576 | 660.2 | 0.5728 |
| 3 | 200 | 500 | 64670 | 795.5 | 0.3127 | 22 | 110 | 260 | 28770 | 803.2 | 0.3572 |
| 4 | 200 | 500 | 64670 | 795.5 | 0.3127 | 23 | 80 | 190 | 36902 | 818.2 | 0.9415 |
| 5 | 200 | 500 | 64670 | 795.5 | 0.3127 | 24 | 10 | 150 | 105510 | 33.5 | 52.123 |
| 6 | 200 | 500 | 64670 | 795.5 | 0.3127 | 25 | 60 | 125 | 22233 | 805.4 | 1.1421 |
| 7 | 200 | 500 | 64670 | 795.5 | 0.3127 | 26 | 55 | 110 | 30953 | 707.1 | 20.275 |
| 8 | 200 | 500 | 64670 | 795.5 | 0.3127 | 27 | 35 | 75 | 17044 | 833.6 | 3.0744 |
| 9 | 114 | 500 | 172823 | 915.7 | 0.7075 | 28 | 20 | 70 | 81079 | 2188.7 | 16.765 |
| 10 | 114 | 500 | 172823 | 915.7 | 0.7075 | 29 | 20 | 70 | 124767 | 1024.4 | 26.355 |
| 11 | 114 | 500 | 176033 | 884.2 | 0.7615 | 30 | 20 | 70 | 121915 | 837.7 | 30.575 |
| 12 | 114 | 500 | 173028 | 884.2 | 0.7083 | 31 | 20 | 70 | 120780 | 1305.2 | 25.098 |
| 13 | 110 | 500 | 91340 | 1250.1 | 0.4211 | 32 | 20 | 60 | 104441 | 716.6 | 33.722 |
| 14 | 90 | 365 | 63440 | 1298.6 | 0.5145 | 33 | 25 | 60 | 83224 | 1633.9 | 23.915 |
| 15 | 82 | 365 | 65468 | 1298.6 | 0.5691 | 34 | 18 | 60 | 111281 | 969.6 | 32.562 |
| 16 | 120 | 325 | 77282 | 1290.8 | 0.5691 | 35 | 8 | 60 | 64142 | 2625.8 | 18.362 |
| 17 | 65 | 315 | 190928 | 238.1 | 2.5881 | 36 | 25 | 60 | 103519 | 1633.9 | 23.915 |
| 18 | 65 | 315 | 285372 | 1149.5 | 3.8734 | 37 | 20 | 38 | 13547 | 694.7 | 2.482 |
| 19 | 65 | 315 | 271676 | 1269.1 | 3.6842 | 38 | 20 | 38 | 13518 | 655.9 | 9.693 |

在本算例分析中，算法的种群数量设置为 5000，迭代次数为 300，总维度为 38。为了加快仿真的运行速度，这里使用了 Parfor 并行计算方法。图 3-9 所示为使用

RCBA 求解本系统而生成的发电成本收敛曲线，最终的发电成本收敛值为 94183.99 美元/h。因为有 38 个火电机组，所以存在 38 条输出曲线，难以在一张图中看清，所以这里没有给出有功功率收敛曲线。表 3-16 为不同算法得到的最优化有功功率和发电成本。先对 38 个火电机组的有功功率进行比较，可以看到 RCBA、DE/BBO 和 BBO 三个算法得到的有功功率非常接近，同时，这三个算法得到的总发电成本也小于其余的算法，前三个算法与后三个算法的差值约在 1020 美元/h。与后三个算法相比，前三个算法可以节省发电成本约 10%。

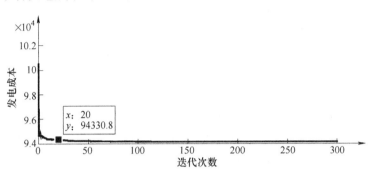

图 3-9　使用 RCBA 生成的发电成本收敛曲线

下面主要比较前三个算法的性能。虽然 DE/BBO 得到了最小的发电成本，但是它与 RCBA 相比，差值只有 11.64 美元/h，比例约为 0.01%，由此可见，这三种算法都很好地解决了系统的经济调度问题。接下来看算法的收敛性能。图 3-9 给出了 RCBA 针对系统得到的发电成本收敛曲线，在算法迭代进行到第 20 次的时候，得到的发电成本为 94330.8 美元/h。而在 DE/BBO 中，处于第 20 次的时候，该算法得到的发电成本约为 96000 美元/h，该值明显大于 RCBA 得到的发电成本，由此可见，RCBA 的收敛性能明显强于 DE/BBO。因此，RCBA 非常适合高维系统的寻优，其针对高维系统的有效性也由此得到了验证。

表 3-16　不同算法得到的最优化有功功率和发电成本

| 项目 | RCBA | 算法 1 | 算法 2 | 算法 3 | 算法 4 | 算法 5 | 算法 6 |
|---|---|---|---|---|---|---|---|
| $P_1$/MW | 448.0200 | 426.6060 | 422.2305 | 443.659 | 550.000 | 366.631 | 519.097 |
| $P_2$/MW | 430.1260 | 426.6060 | 422.1179 | 342.956 | 512.263 | 550.000 | 437.920 |
| $P_3$/MW | 448.1876 | 429.6631 | 435.7794 | 433.117 | 485.733 | 374.789 | 467.129 |
| $P_4$/MW | 428.7942 | 429.6631 | 445.4819 | 500.000 | 391.083 | 394.877 | 370.471 |
| $P_5$/MW | 432.8496 | 429.6631 | 428.4757 | 410.539 | 443.846 | 356.603 | 425.712 |
| $P_6$/MW | 418.5107 | 429.6631 | 428.6492 | 482.864 | 358.398 | 380.358 | 415.226 |
| $P_7$/MW | 389.5183 | 429.6631 | 428.1192 | 409.483 | 415.729 | 300.234 | 339.872 |
| $P_8$/MW | 423.8822 | 429.6631 | 429.9006 | 446.079 | 320.816 | 335.871 | 289.777 |
| $P_9$/MW | 114.0004 | 114.0000 | 115.9049 | 119.566 | 115.347 | 238.171 | 195.965 |
| $P_{10}$/MW | 114.0004 | 114.000 | 114.1153 | 137.274 | 204.422 | 218.563 | 170.608 |

（续）

| 项目 | RCBA | 算法1 | 算法2 | 算法3 | 算法4 | 算法5 | 算法6 |
|---|---|---|---|---|---|---|---|
| $P_{11}$/MW | 124.1179 | 119.7680 | 115.4186 | 138.933 | 114.000 | 196.630 | 138.984 |
| $P_{12}$/MW | 137.0802 | 127.0728 | 127.5114 | 155.401 | 249.197 | 234.500 | 262.350 |
| $P_{13}$/MW | 110.0004 | 110.000 | 110.0009 | 121.719 | 118.886 | 111.529 | 114.008 |
| $P_{14}$/MW | 90.0004 | 90.0000 | 90.02176 | 90.924 | 102.802 | 100.731 | 92.393 |
| $P_{15}$/MW | 82.000 | 82.0000 | 82.00000 | 97.941 | 89.039 | 122.464 | 89.0441 |
| $P_{16}$/MW | 120.000 | 120.0000 | 120.0384 | 128.106 | 120.000 | 125.310 | 130.555 |
| $P_{17}$/MW | 161.848 | 159.5980 | 160.3038 | 189.108 | 156.562 | 155.981 | 167.850 |
| $P_{18}$/MW | 65.0004 | 65.0000 | 65.00011 | 65.000 | 84.265 | 65.000 | 65.754 |
| $P_{19}$/MW | 65.0004 | 65.0000 | 65.00013 | 65.000 | 65.041 | 70.071 | 65.000 |
| $P_{20}$/MW | 271.593 | 272.0000 | 271.9995 | 267.422 | 151.104 | 263.950 | 199.594 |
| $P_{21}$/MW | 271.138 | 272.0000 | 271.8726 | 221.383 | 226.344 | 245.065 | 272.000 |
| $P_{22}$/MW | 259.782 | 260.0000 | 259.7320 | 130.804 | 209.298 | 191.702 | 130.379 |
| $P_{23}$/MW | 124.400 | 130.6486 | 125.9930 | 124.269 | 85.719 | 99.123 | 173.544 |
| $P_{24}$/MW | 10.0000 | 10.0000 | 10.41347 | 11.535 | 10.000 | 15.058 | 13.263 |
| $P_{25}$/MW | 119.700 | 113.3050 | 109.4177 | 77.103 | 60.000 | 60.060 | 112.161 |
| $P_{26}$/MW | 84.9791 | 88.06691 | 83.37726 | 55.018 | 90.489 | 91.140 | 105.898 |
| $P_{27}$/MW | 38.2371 | 37.5051 | 36.41106 | 75.000 | 39.670 | 41.006 | 35.995 |
| $P_{28}$/MW | 20.0004 | 20.0000 | 20.00988 | 21.682 | 20.000 | 20.399 | 22.335 |
| $P_{29}$/MW | 20.0004 | 20.0000 | 20.00895 | 29.829 | 20.995 | 34.650 | 30.045 |
| $P_{30}$/MW | 20.0004 | 20.0000 | 20.0000 | 20.326 | 22.810 | 20.957 | 24.112 |
| $P_{31}$/MW | 20.0004 | 20.0000 | 20.0000 | 20.000 | 20.000 | 20.219 | 20.494 |
| $P_{32}$/MW | 20.0004 | 20.0000 | 20.00339 | 21.840 | 20.416 | 25.424 | 20.011 |
| $P_{33}$/MW | 25.0004 | 25.00000 | 25.00665 | 25.620 | 25.000 | 26.517 | 27.440 |
| $P_{34}$/MW | 18.0004 | 18.0000 | 10.02221 | 24.261 | 21.319 | 18.822 | 18.000 |
| $P_{35}$/MW | 8.00042 | 8.0000 | 8.000042 | 9.667 | 9.122 | 9.173 | 8.024 |
| $P_{36}$/MW | 25.0004 | 25.0000 | 25.00606 | 25.000 | 25.184 | 26.507 | 25.000 |
| $P_{37}$/MW | 21.1384 | 21.78208 | 22.00056 | 31.642 | 20.000 | 24.344 | 20.000 |
| $P_{38}$/MW | 20.0004 | 21.06217 | 20.60763 | 29.935 | 25.104 | 27.181 | 24.371 |
| 发电成本/（美元/h） | 94183.99 | 94172.35 | 94173.33 | 95004.48 | 95164.48 | 95200.24 | 95439.84 |

注：算法1：DE/BBO，算法2：BBO，算法3：PSO_TVAC，算法4：New PSO，算法5：PSO_Crazy，算法6：SPSO。

本章小结

本章提出了一种改进的单目标蝙蝠算法 RCBA，用来求解含随机风能的电力系统经济调度问题，并且考虑了风能的"过估计"与"欠估计"问题。可再生能源作为未来能源发展的重中之重，需要融入更多的实际情况来研究。例如考虑需求侧负荷响应问题、实时电价问题、包含电动汽车充放电的调度问题等。从能源的调度形式看，为增强可再生能源的消纳，新的能源形式也需要被考虑，如微电网、虚拟电厂，以及融合冷、热、电等的调度方案都是未来的研究方向。

 复习思考题

1. 举例说明其他的风能建模方法。

2. 与其他算法相比，蝙蝠算法有什么典型特征？

3. 蝙蝠算法中解的多样性提升策略还有其他方法吗？

4. 试描述有效作用半径 $r_d$ 的作用。本章使用的是分段化方法，能否设计一种自适应方法来合理地设置 $r_d$ 的值？

5. 如果有更大规模的风能接入，本章使用的方法是否还能适用？

6. 如何用蒙特卡洛方法来模拟风能？

7. 试将其他种类的混沌映射集成到蝙蝠算法中，并比较性能的差异。

8. 怎样确定合适的混沌映射？

9. 试用本章提出的混沌映射替换蝙蝠算法中的其他超参数，并比较性能的差异。

10. 进一步扩大本章研究的问题所涉及的火电机组并求解，尝试确定在蝙蝠算法中需要改变哪些超参数。

11. 扩大种群和迭代次数，对本章所提问题进行求解，比较新的调度决策与本章所得的调度决策的区别。

# 第 4 章

# 大规模电力系统多目标
# 经济/排放调度研究

电力系统经济/排放调度是典型的多目标优化问题，它需要同时考虑发电成本和污染气体排放量两个优化目标。多目标优化问题的解的特征在于，因为需要同时考虑至少两个优化目标，所以要在这些目标之间做出权衡，因此，它的最优化解不唯一，而是一组基于帕累托前端的非支配解。本章会简要介绍现有多目标蝙蝠算法的不足之处，以及为克服这些不足之处而实施的改进策略，最后会用所提算法求解大规模电力系统多目标经济/排放调度，包括 IEEE 118-bus 系统和 IEEE 300-bus 系统等。

## 4.1 大规模多目标经济/排放调度

当前，针对电力系统多目标经济/排放调度问题的研究主要通过演化算法来完成，其原因在于这是一个非凸、不连续的优化问题，可使用的算法有遗传算法、粒子群优化算法、花朵授粉算法和差分进化算法等。这些算法克服了权重和方法要求使用权重系数的缺点，非常适合解决多目标、非凸、非线性优化问题。然而演化算法极易出现早熟收敛问题。例如当种群的多样性急剧下降时，遗传算法即容易陷入早熟收敛。同样，当粒子陷入局部最优解时，粒子群算法也容易出现此问题。

对于大规模系统而言，现有的优化算法通常难以有效应对。以粒子群算法为例，其主要原因在于这类算法中的个体位置值 $x_i^t$ 和速度值 $v_i^t$ 在所有维度上都同时以相同的速率更新，这意味着在每个维度上的搜索比例是一样的，显然并不利于获取更优质的解，因此，在应对高维度系统时，其多样性会被极大降低。此外，这类算法中部分参数的更新规则比较适合维度较低的系统，对大规模系统则不适合。

多目标蝙蝠算法目前已经得到了广泛关注，它集成了粒子群算法、和声搜索算法和模拟退火算法的优点，在电力系统多目标经济/排放调度研究中，多目标蝙蝠算法也有应用，例如将自适应学习策略引入多目标蝙蝠算法中，建立起多目标自适应学习蝙蝠算法（Self-Adaptive Learning Bat Algorithm，SALBA），以此求解经济/排放调度问题，但该研究主要存在以下两方面的缺陷：

1）算法中个体位置的所有维度都是同时更新的，没有针对单个维度的搜索，这在很大程度上限制了个体的搜索能力。

2）算法中脉冲响度和脉冲发送率的更新使用与原本的蝙蝠算法相同的模式，而该模式并不能很好地支持多目标优化问题。此外，使用改进的蝙蝠算法求解经济/排放调度问题时，通常存在考虑的约束条件较少的问题。更重要的是，这些改进算法在个体信息搜索上，所有维度也是同时更新的。因此，针对大规模电力系统多目标经济/排放调度问题，需要寻求一种新的算法来解决。

## 4.2　多目标蝙蝠算法能力提升策略

### 4.2.1　帕累托最优的几个基本概念

为了更好地描述多目标优化问题，首先给出帕累托最优的几个基本概念的定义：

定义 4-1　帕累托支配 "$<$"：在一个最小化的多目标优化问题中，假设 $F_i(x)$ 是第 $i$ 个目标函数，$i \in \{1, \cdots, n_f\}$。可行解 $x'$ 支配另一个可行解 $x''$（表示为 $x' < x''$），当且仅当对 $\forall i \in \{1, \cdots, n_f\}$，$F_i(x') \leqslant F_i(x'')$；$\exists j \in \{1, \cdots, n_f\}$，$F_i(x') < F_i(x'')$。

定义 4-2　非支配解：假设 $x$ 是某解集中的一个解，如果该解集中没有其他的解能支配 $x$，则将 $x$ 称为该解集中的非支配解。

定义 4-3　帕累托最优解：假设 $x$ 是决策向量，则解 $x^*$ 是多目标优化问题的帕累托最优解，当且仅当 $\neg \exists x \in \Theta : x < x^*$，式中 $\Theta$ 为所有可行解的集合。

定义 4-4　帕累托最优前沿：所有帕累托最优解的集合所构成的曲面称为帕累托最优前沿。

### 4.2.2　现有多目标蝙蝠算法的不足

现有多目标蝙蝠算法使用权重和方法产生帕累托最优前沿，其主要有如下不足之处：

1）使用了权重和方法，这使得该算法仅适用于凸的帕累托前沿，并且为了生成帕累托最优前沿，程序必须多次运行（运行次数取决于帕累托最优前沿所包含的非支配解的个数）。

2）对于多目标优化问题，通常需要用多个非支配解来描述算法生成的帕累托前沿，而每一个非支配解都是算法生成的最优解，这意味着它们并不唯一。但是，在蝙蝠算法中，更新个体速度和随机漫步却只需要一个全局最优解。因此，对于个体速度和随机漫步的更新方式不适用于多目标优化。

3）在该算法中，个体的搜索能力完全依赖于随机漫步见式（3-4），当算法陷入局部最优时，其收敛速度会严重下降，而且从式（3-4）可知，$x_{i,\text{new}}^{t+1}$ 中的所有维度是同时更新的，且更新量也相同（取决于 $\xi A^t$ 的大小）。换句话说，$x_{i,\text{new}}^{t+1}$ 中的各维度不能单独更新，这极大地削弱了算法的全局搜索能力。

4）现有多目标蝙蝠算法执行随机漫步、接受新的解的前提条件是分别满足 $rand > r_i$ 和 $rand < A_i$ 且 $f(x_i) < f(x_*)$。然而，由式（3-5）及式（3-6）可知，随着 $t \rightarrow \infty$，$r_i^t \rightarrow r_i^0$ 且 $A_i^t \rightarrow 0$。因此，随着迭代的进行，该算法执行随机漫步、接受新的解的概率会越来越低，这将降低解的多样性，并且容易产生早熟收敛。

不足之处 3）和 4）可分别引入随机黑洞模型和混沌映射方法来克服，具体原理及使用方法与第 3 章一致，这里不再重复，以下重点介绍为克服不足之处 1）和 2）而采取的策略。

### 4.2.3　带外部档案的精英非支配排序法

为了克服不足之处 1），本节引入精英策略和非支配排序法来生成帕累托最优前沿。

多目标优化算法 NSGA-II 的核心思想是引入精英非支配排序法。该方法使用所有的可行解来生成不同级别的帕累托前沿，分别表示为 $\mathcal{F}_1, \cdots, \mathcal{F}_{n_p}$（$n_p$ 表示不同级别的帕累托前沿的数量），它们之间的支配关系可表示为 $\mathcal{F}_1 < \mathcal{F}_2 < \mathcal{F}_3 < \cdots < \mathcal{F}_{n_p}$。在 NSGA-II 中，新产生的种群完全依赖于这些帕累托前沿，从以上的支配关系可以看出，$\mathcal{F}_1$ 支配其他的任何帕累托前沿，因此位于 $\mathcal{F}_1$ 中的解优先作为 NSGA-II 的可行解。如果 $\mathcal{F}_1$ 中可行解的数量小于所要求的解的数量，则再从 $\mathcal{F}_2$ 中选择，如果此时解的数量还不够，则继续从 $\mathcal{F}_3$ 中选取，依此类推，如图 4-1 所示。

不同于 NSGA-II，在本节中，通过引入外部档案，只生成最外层的帕累托前沿，外部档案中存储的非支配解正是所生成的帕累托前沿中包含的所有可行解。算法 4-1 显示了外部档案更新机制，其中 $x_{non}$ 为新产生的解，$S_{ea}$ 为存储在外部档案中的非支配解，"%" 为注释。

---

算法 4-1：外部档案更新机制

---

| 1： | 导入 $x_{non}$ 及 $S_{ea}$ |
| 2： | **if** $x_{non} < S_{ea}$ 中的成员 **then** |
| 3： | 　　从 $S_{ea}$ 中删除这些被支配的成员 |
| 4： | 　　将 $x_{non}$ 添加到 $S_{ea}$ 中 |
| 5： | **else** |
| 6： | 　　**if** $S_{ea}$ 中的任何成员 $< x_{non}$ **then** |
| 7： | 　　　丢弃 $x_{non}$ |
| 8： | 　　**else** % $x_{non}$ 与 $S_{ea}$ 互相都不支配 |
| 9： | 　　　添加 $x_{non}$ 到 $S_{ea}$ 中 |
| 10： | 　　**end if** |
| 11： | **end if** |

---

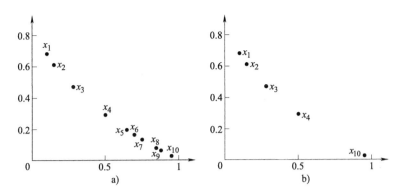

图 4-1　现有拥挤排序策略

a）示例样本　b）使用 NSGA-Ⅱ进行拥挤排序

外部档案中存储的非支配解的数量是一个预设值，如果 $S_{ea}$ 中的非支配解的个数大于该预设值，则使用拥挤排序来删除多余的解。在快速非支配排序方案中，所有生成的非支配解都需要计算拥挤距离，然后所有的非支配解都需要按拥挤距离进行降序排列。如果非支配解的数量大于种群的数量（使用 $N_p$ 表示），则排在前面的 $N_p$ 个解被选中，其余的解则被丢弃。例如有十个非支配解，如图 4-2a 所示，这里仅需要其中的五个。如果使用拥挤排序，最终结果如图 4-2b 所示，可以看到，最终选择的五个解在空间上是不均匀排列的，其原因在于使用拥挤排序法后，位于最后边的五个解（$x_5 \sim x_9$）是同时被删除的。而当这些解被删除后，拥挤排序的距离其实已经发生了变化，而算法却没能考虑到这一点。

为了弥补这个缺陷，在这里引入一个提升的拥挤排序策略，如算法 4-2 所示。使用算法 4-2 中的策略后，每个循环中只删除一个具有最小拥挤距离的非支配解，之后剩余解对应的拥挤距离将会被重新计算，然后依此循环，直到所有多余的非支配解都被删除。图 4-2 使用了图 4-1 中的数据，并给出了计算过程。因为在每次迭代中，只有拥挤距离最小的非支配解会被删除，所以图 4-2e 中的解明显比图 4-1b 中的解分布更均匀。

---

算法 4-2：提升的拥挤排序策略

| | |
|---|---|
| 1： | 获取非支配解 |
| 2： | 计算将被删除的非支配解的个数（由 $N_{del}$ 表示） |
| 3： | **while** $N_{del} > 0$ **do** |
| 4： | 计算所有的拥挤距离 |
| 5： | 删除具有最小拥挤距离的非支配解 |
| 6： | $N_{del} = N_{del} - 1$ |
| 7： | **end while** |

---

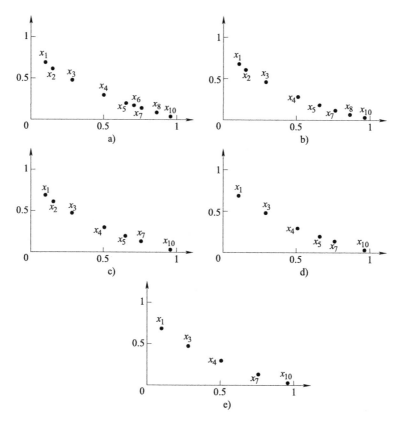

图 4-2　使用算法 4-2 的拥挤排序过程

a）$x_9$ 被删除　b）$x_6$ 被删除　c）$x_8$ 被删除　d）$x_2$ 被删除　e）$x_5$ 被删除

### 4.2.4　完全学习策略及其改进方法

为了克服不足之处 2），这里引入完全学习策略（Comprehensive Learning Strategy，CLS）并加以修改，以适应蝙蝠算法。蝙蝠算法中的速度 $v_i^t$ 即以该策略更新。

在蝙蝠算法中，$v_i^{t+1}$ 依赖于 $x_*^t$，在算法的整个迭代过程中，始终只有一个全局最优解，即 $x_*^t$。然而在多目标优化中，帕累托最优前沿由许多非支配解组成，每个非支配解都是算法生成的全局最优解，而不是仅仅只有一个全局最优解。所以，对于多目标优化来说，如何从这些非支配解中挑选合适的解至关重要。此外，从式（3-2）可知，个体仅限于从全局最优解和其自身中学习，而不能从其他个体中学习。因此，另一个有效提升蝙蝠算法性能的途径就是与其他个体进行信息共享。

CLS 可以被集成到诸多群体智能算法中，比如集成了 CLS 的 PSO 的特点在于单个粒子的每个维度不仅能学习其他粒子的最好经验，而且能从全局最优解中学习，很好地实现了各粒子之间以及各粒子与全局最优解之间的信息共享。

基于以上思路和蝙蝠算法的特点，针对蝙蝠算法中速度 $v$ 的更新，这里给出一个规则，即

$$v_i^{t+1} = f_i(x_i^t - gbest_{mp}) + \omega_i v_i^t + c_1 [1 - \eta(i,:)] * (pbest_{fi} - v_i^t) r_1 +$$

$$c_2 \eta(i,:)(gbest_{mp} - v_i^t) r_2 \tag{4-1}$$

式中，$gbest_{mp}$ 为从帕累托前沿中随机挑选的一个非支配解；$\omega_i$ 为权重系数；$c_1$ 和 $c_2$ 为加速度常数；$r_1$ 和 $r_2$ 为（0，1）中的随机数；$\eta$ 为 $N_p \times N_n$ 维的随机矩阵（$N_n$ 为多目标优化问题的维度）；$pbest_{fi}$ 为一个组合解，其具体描述如下：首先给定一个阈值 $P_c$，然后生成一个随机数，如果该随机数小于 $N_p$，则 $pbest_{fi}$ 的每个维度值都随机从所有粒子寻找到的最优解的对应维度中选择，否则 $pbest_{fi}$ 的值就等于当前粒子寻找到的最优解。

这种速度更新方法有两个典型优点：

1）考虑了脉冲的发生频率，可使式（4-1）更适合蝙蝠算法。

2）不同于以往的蝙蝠算法只能从单一的全局最优解中学习，在式（4-1）中，个体能同时从其他个体和全局最优解中学习。

通过这种方法，个体不仅能学习其他个体的经验，也能从帕累托前沿中的非支配解处学习，这对提升种群的学习能力有重要意义。

## 4.3　改进的多目标蝙蝠算法及其性能评价

### 4.3.1　改进的多目标蝙蝠算法 MHBA

基于 4.2 节的分析，这里提出一种改进的多目标蝙蝠算法 MHBA，其具体过程的伪代码如算法 4-3 所示。

---

算法 4-3：改进的多目标蝙蝠算法 MHBA

| | |
|---|---|
| 1： | 初始化 $x_i$、$v_i$、$A_i$、$r_i$、$f_{min}$、$f_{max}$、$N_p$、$N_{max}$ |
| 2： | 初始化 CLS 相关参数 |
| 3： | 根据 $x_i$ 计算拟合值 |
| 4： | 计算并得到非支配解 |
| 5： | **while** $t$ <最大迭代次数 **do** |
| 6： | 　**while** $j < N_p$ **do** |
| 7： | 　　更新个体最优解和全局最优解 |
| 8： | 　　使用式（3-1）、式（4-1）和式（3-3）分别更新个体的频率、速度和位置 |
| 9： | 　　**if** $rand > r_j$ **then** |
| 10： | 　　　使用算法 3-2，即随机黑洞模型来更新 $x_i$ |
| 11： | 　　**end if** |
| 12： | 　　进行约束检查 |

---

（续）

| 13: | **if** *rand* > $A_j$ **then** |
| 14: | 接受新生成的解 |
| 15: | **end if** |
| 16: | 使用混沌映射来更新 $r_j$ 和 $A_j$ |
| 17: | **end while** |
| 18: | 计算非支配解 |
| 19: | 使用算法 4-1 来更新外部档案 $S_{ea}$ |
| 20: | **if** $S_{ea}$ 的存储数量 > $N_{max}$ **then** |
| 21: | 使用算法 4-2 来进行拥挤排序 |
| 22: | **end if** |
| 23: | **end while** |
| 24: | 结果显示 |

MHBA 所做的改变如下：

1）在速度值被更新前，个体最优解和全局最优解都已经更新。

2）原有多目标蝙蝠算法中的随机漫步被随机黑洞模型所替代。

3）算法 4-3 的第 13 行和第 14 行表明，当满足 *rand* > $A_j$ 时，即可接受新生成的解。原有多目标蝙蝠算法中的另一个条件" $f(x_i) < f(x_*)$ "因为不适合在算法 4-3 中计算帕累托支配关系，所以在这里被删除了。

4）使用混沌映射来更新 $r_j$ 和 $A_j$。

5）在算法中引入外部档案和拥挤排序法，以此得到帕累托最优前沿。

## 4.3.2　MHBA 性能评价

为了测试 MHBA 的性能，这里使用了几个典型的基准函数，具体可见表 4-1，其中包含凸函数、非凸函数、凸函数和不连续函数的组合等。所选基准函数都有两个优化目标。

表 4-1　所选基准函数

| 基准函数 | 目标函数（最小化） | 维度 | 变量范围 | 最优解 | 备注 |
|---|---|---|---|---|---|
| SCH | $f_1(x) = x^2$<br>$f_2(x) = (x-2)^2$ | 1 | $[-10^3, 10^3]$ | $x \in [0, 2]$ | 凸 |
| FON | $f_1(x) = 1 - \exp\left[-\sum_{i=1}^{3}(x_i - 1/\sqrt{3})^2\right]$<br>$f_2(x) = 1 - \exp\left[-\sum_{i=1}^{3}(x_i + 1/\sqrt{3})^2\right]$ | 3 | $[-4, 4]$ | $x_1 = x_2 = x_3$<br>$\in [-1/\sqrt{3}, 1/\sqrt{3}]$ | 非凸 |

（续）

| 基准函数 | 目标函数（最小化） | 维度 | 变量范围 | 最优解 | 备注 |
|---|---|---|---|---|---|
| ZDT1 | $f_1(x) = x_1$ <br> $f_2(x) = g(x)[1 - \sqrt{x_1/g(x)}]$ <br> $g(x) = 1 + 9(\sum_{i=2}^{n} x_i)/(n-1)$ | 30 | $[0, 1]$ | $x_1 \in [0, 1]$ <br> $x_i = 0,$ <br> $i = 2, \cdots, n$ | 凸 |
| ZDT2 | $f_1(x) = x_1$ <br> $f_2(x) = g(x)\{1 - [x_1/g(x)]^2\}$ <br> $g(x) = 1 + 9(\sum_{i=2}^{n} x_i)/(n-1)$ | 30 | $[0, 1]$ | $x_1 \in [0, 1]$ <br> $x_i = 0,$ <br> $i = 2, \cdots, n$ | 非凸 |
| ZDT3 | $f_1(x) = x_1$ <br> $f_2(x) = g(x)\{1 - \sqrt{x_1/g(x)} - [x_1/g(x)]$ <br> $\sin(10\pi x_1)\}$ <br> $g(x) = 1 + 9(\sum_{i=2}^{n} x_i)/(n-1)$ | 30 | $[0, 1]$ | $x_1 \in [0, 1]$ <br> $x_i = 0,$ <br> $i = 2, \cdots, n$ | 凸 <br> 不连续 |
| ZDT4 | $f_1(x) = x_1$ <br> $f_2(x) = g(x)[1 - \sqrt{x_1/g(x)}]$ <br> $g(x) = 1 + 10(n-1) + [x_i^2 -$ <br> $\sum_{i=2}^{n} 10\cos(4\pi x_i)]$ | 10 | $x_1 \in [0, 1]$ <br> $x_i \in [-5, 5],$ <br> $i = 2, \cdots, n$ | $x_1 \in [0, 1]$ <br> $x_i = 0,$ <br> $i = 2, \cdots, n$ | 非凸 |
| ZDT6 | $f_1(x) = 1 - \exp(-4x_1)\sin^6(6\pi x_1)$ <br> $f_2(x) = g(x)\{1 - [f_1(x)/g(x)]^2\}$ <br> $g(x) = 1 + 9[(\sum_{i=2}^{n} x_i)/(n-1)]^{0.25}$ | 10 | $[0, 1]$ | $x_1 \in [0, 1]$ <br> $x_i = 0,$ <br> $i = 2, \cdots, n$ | 非凸 <br> 间距 <br> 不均匀 |

图 4-3 所示为各基准函数的真实帕累托前沿和使用 MHBA 得到的帕累托最优前沿，可以看出，所有的非支配解都很好地描绘了不同函数的真实帕累托前沿。为了更好地展示 MHBA 的优越性，这里采用收敛性指标（Convergence Metric）和多样性指标（Diversity Metric）来衡量，分别记为 $Y$ 和 $\Delta$，其含义如下：

1）收敛性指标 $Y$ 用于衡量生成的非支配解与已知的帕累托最优解集的融合程度，$Y$ 越小则融合程度越好。如果生成的非支配解完全位于已知的帕累托最优前沿上，则 $Y$ 为 0。为了更好地展示收敛性指标，这里采用收敛性指标的平均值（Mean）与方差（Variance）来衡量算法的性能。

2）多样性指标 $\Delta$ 用于衡量所获得的非支配解的扩展程度，即评判这些非支配解能否均匀分布在整个帕累托最优前沿上。通过计算组成帕累托前沿的非支配解中所有相邻解之间的欧几里得距离 $E_i$，可给出一个计算指标，即

$$\Delta = \frac{E_{\mathrm{f}} + E_{\mathrm{l}} + \sum_{i=1}^{N_{n-1}} \left| E_i - \overline{E} \right|}{E_{\mathrm{f}} + E_{\mathrm{l}} + (N_n - 1)\,\overline{E}} \tag{4-2}$$

式中，$E_{\mathrm{f}}$ 和 $E_{\mathrm{l}}$ 为真实帕累托前沿中的两个极值点分别到最靠近这两个极值点的非支配解之间的距离；$\overline{E}$ 为 $E_i$ 的平均值；$N_{\mathrm{n}}$ 为非支配解的个数。

$\Delta$ 的值越小，所获得的非支配解的多样性就越好。

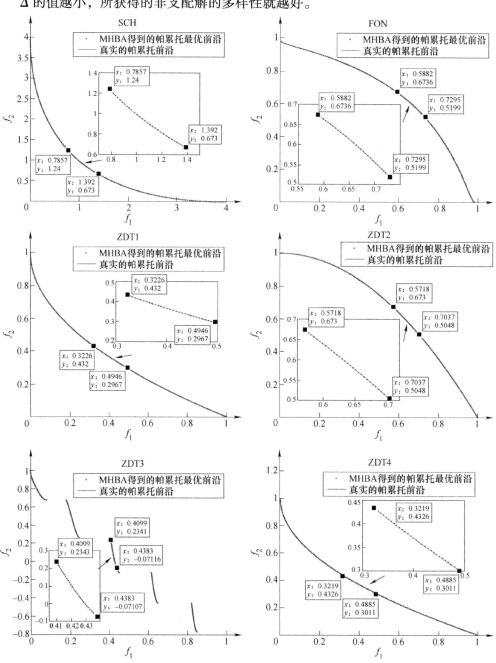

**图 4-3 MHBA 在不同基准函数上得到的帕累托最优前沿**

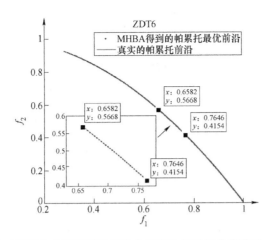

图 4-3　MHBA 在不同基准函数上得到的帕累托最优前沿（续）

表 4-2 和表 4-3 给出了不同算法之间的收敛性指标和多样性指标的平均值和方差比较结果。从表 4-2 中可以看到，MHBA 在 $Y$ 的平均值和方差上都要优于 NSGA-Ⅱ 和 SA-MOCDE。与 MRBH PSO-SE 相比，在 $Y$ 的平均值上，除了 ZDT4 以外，MHBA 在 SCH、FON、ZDT1、ZDT2、ZDT3 和 ZDT6 上的结果都占优。在 $Y$ 的方差上，MHBA 要全面优于 MRBH PSO-SE，而且在数量级上要领先很多。由此可见，MHBA 在收敛性指标方面要明显优于其他参与比较的算法。

表 4-2　收敛性指标 $Y$ 的平均值（第一行）和方差（第二行）比较结果

| 算法 | SCH | FON | ZDT1 | ZDT2 | ZDT3 | ZDT4 | ZDT6 |
|---|---|---|---|---|---|---|---|
| MHBA | $1.04 \times 10^{-6}$ | $1.08 \times 10^{-4}$ | $3.32 \times 10^{-7}$ | $4.21 \times 10^{-6}$ | $4.81 \times 10^{-6}$ | $5.99 \times 10^{-4}$ | $2.70 \times 10^{-8}$ |
| | $2.15 \times 10^{-11}$ | $3.62 \times 10^{-8}$ | $3.25 \times 10^{-12}$ | $6.84 \times 10^{-12}$ | $3.46 \times 10^{-10}$ | $1.69 \times 10^{-7}$ | $8.88 \times 10^{-15}$ |
| NSGA-Ⅱ（Real Coded） | 0.003391 | 0.001931 | 0.033482 | 0.072391 | 0.114500 | 0.513053 | 0.296594 |
| | 0 | 0 | 0.004750 | 0.031689 | 0.007940 | 0.118460 | 0.013135 |
| MOCLPSO | — | 0.003091 | 0.001945 | 0.001452 | 0.005689 | — | 0.002950 |
| | — | $4.82 \times 10^{-8}$ | $2.69 \times 10^{-8}$ | $1.21 \times 10^{-8}$ | $6.70 \times 10^{-7}$ | — | $1.77 \times 10^{-5}$ |
| MRBH PSO-SE | $1.4 \times 10^{-4}$ | $1.4 \times 10^{-4}$ | $1.5 \times 10^{-4}$ | $8 \times 10^{-5}$ | $6.1 \times 10^{-4}$ | $1.7 \times 10^{-4}$ | — |
| | 0.00000 | 0.00000 | 0.00000 | 0.00000 | 0.00000 | 0.00000 | — |
| SA-MOCDE | — | — | $6.3 \times 10^{-5}$ | — | $3.4 \times 10^{-5}$ | $2.32 \times 10^{-3}$ | $3.2 \times 10^{-5}$ |
| | — | — | $2.4 \times 10^{-5}$ | — | $7.9 \times 10^{-5}$ | $3.9 \times 10^{-5}$ | $3.2 \times 10^{-5}$ |

表 4-3　多样性指标 $\Delta$ 的平均值（第一行）和方差（第二行）比较结果

| 算法 | SCH | FON | ZDT1 | ZDT2 | ZDT3 | ZDT4 | ZDT6 |
|---|---|---|---|---|---|---|---|
| MHBA | 0.12658 | 0.07932 | 0.06555 | 0.08321 | 0.1303 | 0.08877 | 0.06250 |
| | $2.447 \times 10^{-5}$ | $5.835 \times 10^{-7}$ | $3.718 \times 10^{-7}$ | $6.319 \times 10^{-7}$ | $2.387 \times 10^{-6}$ | $8.346 \times 10^{-7}$ | $2.517 \times 10^{-7}$ |

（续）

| 算法 | SCH | FON | ZDT1 | ZDT2 | ZDT3 | ZDT4 | ZDT6 |
|---|---|---|---|---|---|---|---|
| NSGA-Ⅱ | 0.477899 | 0.378065 | 0.390307 | 0.430776 | 0.738540 | 0.702612 | 0.668025 |
| （Real Coded） | 0.003471 | 0.000639 | 0.001876 | 0.004721 | 0.019706 | 0.064648 | 0.009923 |
| MOCLPSO | — | 0.305820 | 0.251628 | 0.223482 | 0.503799 | — | 0.237585 |
|  | — | 0.003640 | 0.00102 | $3.43 \times 10^{-4}$ | 0.00223 | — | 0.0675 |
| MRBH PSO-SE | 0.47154 | 0.38749 | 0.40211 | 0.44650 | 0.47533 | 0.54192 | — |
|  | 0.00062 | 0.00012 | 0.00088 | 0.00062 | 0.00004 | 0.00076 | — |
| SA-MOCDE | — | — | 0.074235 | — | 0.297641 | 0.096258 | 0.078934 |
|  | — | — | $6.8 \times 10^{-5}$ | — | $4.29 \times 10^{-4}$ | $2.76 \times 10^{-4}$ | $2.312 \times 10^{-3}$ |

表 4-3 给出了多样性指标的平均值和方差比较结果。可以看出，在所有参与比较的算法中，MHBA 所获得的平均值和方差都是最小的。不仅如此，在数量级的比较上，MHBA 也要领先其他算法很多。例如在 SCH 的比较上，MHBA 得到的多样性指标的平均值是 0.12658，显著低于 NSGA-Ⅱ 和 MRBH PSO-SE 所得到的值（分别为 0.477899 和 0.47154）。这意味着与其他参与比较的算法相比，MHBA 获得的非支配解在帕累托前沿上的分布更均匀。

下面通过对比来分析 MHBA 能取得优势的原因。首先比较 MHBA 与 MOCLPSO，这两种算法都使用了 CLS，但是在 MHBA 中使用的是改进的拥挤排序方法，这有利于提升解的多样性。此外，由于随机黑洞模型和混沌映射在 MHBA 中的运用，MHBA 的全局搜索能力得到了提升，同时也拥有了更好的避免早熟收敛的能力，这些措施都有利于提升解的收敛性指标。接下来比较 MHBA 与 MRBH PSO-SE。这两种算法都使用了随机黑洞模型和相同的拥挤排序方法，然而在 MRBH PSO-SE 中，粒子只能从自身和全局最优解中学习，在 MHBA 中，由于使用了 CLS，个体不仅能从自身和全局最优解中学习，还能学习其他个体的经验，而且在 MHBA 中还使用了混沌映射，这些措施都导致 MHBA 的性能要优于 MRBH PSO-SE。根据以上分析可知，与其他参与比较的算法相比，MHBA 生成的非支配解不仅具有更好的收敛性能，同时还获得了更好的多样性分布。

## 4.4 多目标优化的电力系统经济/排放调度

### 4.4.1 经济/排放调度数学模型

**1. 经济/排放调度目标函数**

1）目标函数 1：发电成本。

经济/排放调度涉及发电过程中的经济性和污染气体排放量两个优化目标。在经济性上，要求最小化发电成本，其描述见式（2-1）。

2）目标函数 2：污染气体排放量。

污染气体排放涉及硫氧化物、氮氧化物等，它们主要是由化石燃料的燃烧而引起的，这些污染气体的排放量可以单独描述。然而，为了便于比较，这些污染气体的排放总量可以表述为二次项和指数项的和，目标函数的描述见式（2-14）。

**2. 约束条件**

这里给出本章涉及的约束条件，包括发电机输出有功/无功功率约束，见式（2-3）和式（2-4）；负荷供需平衡约束，见式（2-5）~式（2-8）；电压幅值约束，见式（2-9）；线路功率约束，见式（2-10）；火电机组爬坡约束，见式（2-11）和式（2-12）；火电机组禁止操作区域约束，见式（2-13）。本章没有使用 $B$ 系数法计算线路损耗，原因在于 $B$ 系数法是一种近似方法，而通过潮流计算得到的线路损耗真实地反映了线路的实际情况，使得仿真更贴近实际应用。

## 4.4.2　多目标经济/排放调度求解过程

**1. MHBA 的求解特点和优势**

MHBA 集成了随机黑洞模型的优点，使它可以适用于大规模系统：

1）在 BA 中，个体解的每一个维度可以依据概率 $p$ 进行独自更新，并且在每步迭代中，更新参数均不同。这使得在每步迭代中，个体都有机会改变其搜索方向，因此增强了解的多样性。但是对其他算法（如 PSO）而言，粒子寻优得到的解的所有维度在每步迭代中都是同时且使用相同参数更新的。

2）随机黑洞模型不仅可以吸收解的某些维度，而且这些被吸收的维度仍有概率逃离随机黑洞，这是由于个体的速度值在迭代过程中是始终保留的。这对预防早熟收敛具有非常重要的意义。

3）与原有的随机黑洞模型不同的是，MHBA 中随机黑洞模型的有效作用半径 $r_d$ 是作为分段化的参数来处理的。在迭代的开始阶段，$r_d$ 一般设置得略大一些，这有利于提升个体的搜索区域。随着迭代的进行，个体逐渐向最优解靠近，因此需逐步减小 $r_d$，这将缩小搜索区域，从而有利于提升解的质量。

因此，以上求解特点决定了 MHBA 具有很好的处理大规模电力系统的能力，下面介绍具体的求解方法与流程。

**2. 参数调节**

合理调节 MHBA 中的几个参数，才能最大限度地发挥算法的性能。其中最重要的参数是 $c_1$、$c_2$ 和 $r_d$，参见式（4-1），参数 $c_1$、$c_2$ 直接决定了当前个体对其他个体得到的最优解（$pbest_{fi}$）和当前全局最优解（$gbest_{mp}$）的学习权重，而 $r_d$ 则决定了当前个体搜索区域的大小。在迭代开始的时候，为了增大搜索区域，$r_d$ 应当被赋予一个较大的值，因为此时几乎所有随机生成的解都远离真实解（尽管真实解是未知的）。随着迭代的进行，算法已经获得了一个相对较好的解，此时应当缩小寻找范围，以利于优质解的产生，这意味着此时 $r_d$ 的值应当减小。

在式（3-1）中，频率 $f_i$ 的最小值通常设置为 0，最大值则取决于不同的仿真对象。对于式（4-1）中速度 $v_i^t$ 的更新，权重系数 $\omega_i$ 在初始时刻通常设置为 0.5，且 $c_1$ 和 $c_2$ 应当随 $\omega_i$ 和 $r_d$ 的不同而调整，一般初始值在 $0\sim10$ 之间。因为 $\omega_i$ 是相对固定的，所以重点就在于如何调节 $c_1$、$c_2$ 和 $r_d$。

在初始时刻，根据经验，$r_d$ 可以在（0，10）中随机赋值，然后进行一次仿真，记录仿真结果并据此增大/减小 $r_d$，再进行仿真，观察解的变化情况。如果解的质量高于之前的记录值，则说明 $r_d$ 的调整方向是正确的，可以继续朝此方向进行调整，否则即 $r_d$ 的调整方向不正确，需往反方向调整。在调整过程中，$r_d$ 的值也可能会超出 10。如此进行几次试验，直到得出一个较好的解，记录下此时的 $r_d$ 值，然后在该 $r_d$ 值的基础上，使用同样的方法调整 $c_1$ 和 $c_2$ 的值。在 $c_1$、$c_2$、$r_d$ 均得到之后，如果当前的仿真结果可以接受，那么参数值即确定完毕，如果还需调整，则重复前面的步骤，直到生成满意的结果为止。

### 3. 约束处理方法

约束分为不等式约束和等式约束，其中不等式约束只需限定变量的上下限范围即可，例如某个变量若小于其上下限的最小值，则把最小值赋给该变量即可。同理，某个变量若大于其上下限的最大值，则把最大值赋给该变量。下面重点分析等式约束。

很多文献都引入惩罚系统法来处理等式约束。但是其所需的惩罚系数一般难以确定，会给系统带来误差。为此，这里提出一种新的等式约束处理方法。其流程如算法4-4所示，详细步骤如下：

---

**算法 4-4：等式约束处理办法**

---

1： 获取当前解 $P = \{P_1, \cdots, P_{N_g}\}$

2： 如果当前平衡节点的编号不是 1，则把该节点和 $P_1$ 的位置互换

3： 进行上下限约束检查

4： **while** 1 **do**

5： 设置 $P_{loss}$ 为 0，计算 $error$，即 $\left| P_1 - \sum P_i \right|$

6： **if** $error > P_1^{max}$ 或 $error < P_1^{min}$ **then**

7： **if** $error > P_1^{max}$ **then**

8： $P_1 = P_1^{max}/3$

9： 以各发电量最大值依次分配给 $\{P_2, \cdots, P_{N_g}\}$，直到剩余负荷分配完毕

10： **end if**

11： **if** $error < P_1^{min}$ **then**

12： $P_1 = P_1^{min}$

13： 以各发电量最小值依次分配给 $\{P_2, \cdots, P_{N_g}\}$，直到剩余负荷分配完毕

14： **end if**

---

（续）

| | | |
|---|---|---|
| 15： | **else** | |
| 16： | 将 $error$ 直接赋给平衡节点，交换平衡节点到原始位置 | |
| 17： | 结束循环 | |
| 18： | **end if** | |
| 19： | **end while** | |

1）获取当前解 $P = \{P_1, \cdots, P_{N_g}\}$。

2）为了便于程序计算，如果系统中平衡节点的位置不在编号为 1 的位置上，则把平衡节点和 $P_1$ 的位置互换。

3）此时将线路损耗设为 0，计算负荷与发电量之和的差值 $\left| P_i - \sum_{i=1}^{N_g} P_i \right|$，标记为 $error$。

4）如果 $error > P_1^{\max}$，即超出了平衡节点的最大有功出力，那么为了维持平衡节点的调节能力，将 $P_1^{\max}/3$ 的发电量赋给平衡节点，剩余的待分配发电量则为（$error - P_1$）MW。然后，从编号为 2 的发电机开始，依次分配最大发电量，直到剩余的待分配发电量（$error - P_1$）分配完毕。例如给编号为 2 的发电机分配发电量时，先判断剩余的待分配发电量是否大于（$P_2^{\max} - P_2$），如果满足条件，则给第 2 台发电机分配其最大发电量，新的剩余的待分配发电量变为（$error - P_1 - P_2^{\max}$），否则即直接将剩余的待分配发电量全部分配给第 2 台发电机。接下来给第 3 台发电机分配发电量，依此类推，直到剩余的待分配发电量分配完毕。如果分配到最后一台发电机，剩余的待分配发电量仍未分配完毕，则跳转到第 3）步继续。

5）若 $error < P_1^{\min}$，即小于平衡节点的最小有功出力，此时则把 $P_1^{\min}$ 赋给平衡节点，由于 $error < P_1^{\min}$，相当于多分配了发电量，多分配的发电量为（$P_1^{\min} - error$）MW。然后，从编号为 2 的发电机开始，依次分配最小发电量，直到将多分配的发电量（$P_1^{\min} - error$）分配完毕。例如给编号为 2 的发电机分配发电量时，先判断多分配的发电量是否大于（$P_2 - P_2^{\min}$），如果满足条件，则给第 2 台发电机分配其最小发电量，新的多分配的发电量变为（$P_1^{\min} - P_2^{\min} - error$），否则即直接将多分配的发电量全部分配给第 2 台发电机。接下来给第 3 台发电机分配发电量，依此类推，直到新的多分配的发电量分配完毕。如果分配到最后一台发电机，多分配的发电量仍未分配完毕，则跳转到第 3）步继续。

6）如果 $error$ 位于 $P_1^{\max}$ 和 $P_1^{\min}$ 之间，则直接赋给平衡节点。

7）将平衡节点交换回初始位置，此时等式约束处理完毕。

**4. 最好的折中解**

帕累托最优前沿由许多非支配解组成，而决策者实际执行时需要的最优解只有一个，这个最优解可以通过最好的折中解来获取。这里引入模糊集来处理这个问题。模糊集由隶属函数方程定义，隶属函数用 0~1 的值表示模糊集的隶属度。隶属度为 0 表示与模糊集不兼容，为 1 表示完全兼容。通过每个目标函数的最小值和最大值可以确定隶属函数，其定义为

$$
\mu_h^q = \begin{cases} 1 & F_h^q \leqslant F_h^{\min} \\ \dfrac{F_h^{\max} - F_h^q}{F_h^{\max} - F_h^{\min}} & F_h^{\min} < F_h^q < F_h^{\max} \\ 0 & F_h^q \geqslant F_h^{\max} \end{cases} \tag{4-3}
$$

式中，$\mu_h^q$ 为第 $h$ 个目标函数的第 $q$ 个非支配解对应的隶属函数；$F_h^{\min}$ 和 $F_h^{\max}$ 分别为第 $h$ 个目标函数所对应的非支配解的最小值和最大值。

隶属函数的值表示非劣解可在多大程度上（以 0~1 之间的数值来表示）满足特定目标，而每个目标的隶属函数值之和，可以用来衡量满足该目标下每个解的贴合情况，其数学描述为

$$
F^q = \frac{\displaystyle\sum_{h=1}^{N_{\mathrm{obj}}} \mu_h^q}{\displaystyle\sum_{q=1}^{N_{\mathrm{non}}} \sum_{h=1}^{N_{\mathrm{obj}}} \mu_h^q} \tag{4-4}
$$

式中，$N_{\mathrm{obj}}$ 和 $N_{\mathrm{non}}$ 分别为优化目标的个数和生成的帕累托最优前沿中非支配解的数量。$F^q$ 可以看作非支配解的隶属函数，其值代表了非支配解的模糊基数优先级排序，获得最大 $F^q$ 值的非支配解即被选中为最好的折中解。

**5. 求解流程**

求解之前，必须先确定使用的混沌映射，这里对 MHBA 的脉冲响度 $A_i$ 和脉冲发送率 $r_i$ 使用相同的混沌映射，其定义为

$$
u_{k+1} = \begin{cases} u_k/0.7 & \text{if } u_k < 0.7 \\ 10(1 - u_k)/3 & \text{if } u_k \leqslant 0.7 \end{cases} \tag{4-5}
$$

下面具体介绍基于 MHBA 的大规模电力系统经济/排放调度求解方法。

1）导入优化目标的参数，确定优化模型。合理设置 MHBA 的种群数量 $N_{\mathrm{p}}$ 和迭代次数 $N_{\mathrm{gen}}$，确定外部档案存储容量。

2）使用 Unifrnd 函数在（0，1）中随机初始化 $A$ 和 $r$，设定脉冲频率 $f$ 的范围和仿真对象的维度 $N_{\mathrm{n}}$，初始化 CLS 的有关参数。随机初始化种群 $x$（其维度为 $N_{\mathrm{p}} \times N_{\mathrm{n}}$），即

$$x = \begin{pmatrix} x_1 \\ x_2 \\ \vdots \\ x_{N_\mathrm{P}} \end{pmatrix} = \begin{pmatrix} x_1^1 & x_1^2 & \cdots & x_1^{N_n} \\ x_2^1 & x_2^2 & \cdots & x_2^{N_n} \\ \vdots & \vdots & \vdots & \vdots \\ x_{N_\mathrm{P}}^1 & x_{N_\mathrm{P}}^2 & \cdots & x_{N_\mathrm{P}}^{N_n} \end{pmatrix} \tag{4-6}$$

式中，$N_n$ 为个体维度，即发电机的数量；$N_\mathrm{P}$ 为种群数量。

发电机的初始发电量在 $P_i^{\min}$ 与 $P_i^{\max}$ 之间随机生成，即

$$x^i = P_i^{\min} + (P_i^{\max} - P_i^{\min}) rand \tag{4-7}$$

式中，$rand$ 为 $[0, 1]$ 中的随机数。

3）依据上述初始化参数和控制量，计算种群的所有拟合值。在生成的拟合值中，执行非支配排序操作，求取非支配解，并在所有非支配解中，随机选择一个解作为群体最优解。

4）迭代开始。为每个个体生成随机数字序列，用于提供式（4-1）中 $pbest_\mathrm{fi}$ 所需要的值，即随机从其他个体得到的最优解中学习。

5）开始遍历所有种群，对所有个体逐一寻优。依据随机数字序列生成当前个体从其他个体处学习的数据，即给 $pbest_\mathrm{fi}$ 赋值，然后用式（3-1）、式（4-1）和式（3-3）分别更新个体的频率、速度和位置信息。

6）依据迭代步数对随机黑洞模型中的有效作用半径 $r_\mathrm{d}$ 赋值，并且使用随机黑洞模型（即算法 3-2）更新解。

7）对生成的解进行约束处理。系统潮流约束使用 MATPOWER 完成，线路数据、电压幅值约束、线路功率约束等数据需预先录入，使用 MATPOWER 计算的发电机有功输出数据返回给个体。

8）将约束处理后的解存入外部档案中，判断是否有解被其支配。如果有，则将当前群体最优解用其替换。

9）使用混沌映射更新脉冲响度 $A_i$ 和脉冲发送率 $r_i$。

10）跳转到第 6）步，直到所有个体遍历完毕。

11）种群遍历结束后，会生成 $N_\mathrm{P}$ 个解（每个个体对应一个）。将这些解进行非支配排序，得到其中的非支配解。将这些非支配解存入外部档案。如果此时外部档案中解的数量超出了预设定值，应使用算法 4-1 重新进行非支配排序，删除多余的解。

12）如果满足了迭代结束条件，则计算终止，否则跳转到第 5）步。

使用 MHBA 求解大规模电力系统经济/排放调度的过程，其具体流程如图 4-4 所示。

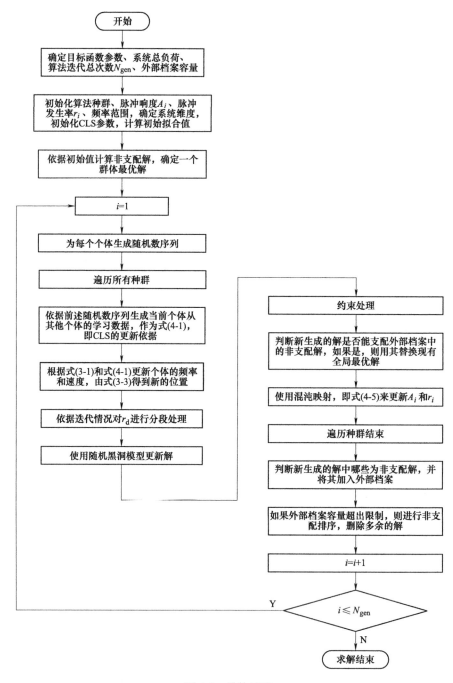

图 4-4　具体流程

### 4.4.3　算例分析

**1. 算例分析 1**

本算例分析使用 MHBA 来求解 IEEE 30-bus 系统的经济/排放调度问题。IEEE 30-bus 系统含有 6 个发电机，其发电成本和污染气体排放量的相关参数见表 4-4。在

MHBA 中，种群数量设置为 20，随机黑洞模型中的 $r_d$ 和 $p$ 分别为 0.01 和 0.1，CLS 中的学习概率 $P_c$ 为 1。为了便于和其他算法比较性能，本算例分析包含两个仿真，其中仿真 1-1 只包含发电机出力约束，仿真 1-2 包含所有约束条件。系统总负荷为 283.4MW，为便于和其他文献比较性能，这里不考虑阀点效应。

表 4-4　IEEE 30-bus 系统发电成本和污染气体排放量相关参数

| 参数 | 发电机 | | | | | |
|---|---|---|---|---|---|---|
| | TG1 | TG2 | TG3 | TG4 | TG5 | TG6 |
| 发电成本/(美元/h) | | | | | | |
| $a$ | 100 | 120 | 40 | 60 | 40 | 100 |
| $b$ | 200 | 150 | 180 | 100 | 180 | 150 |
| $c$ | 10 | 10 | 20 | 10 | 20 | 10 |
| 污染气体排放量/(t/h) | | | | | | |
| $\alpha$ | 6.49 | 5.638 | 4.586 | 3.38 | 4.586 | 5.151 |
| $\beta$ | −5.554 | −6.047 | −5.094 | −3.55 | −5.094 | −5.555 |
| $\gamma$ | 4.091 | 2.543 | 4.258 | 5.326 | 4.258 | 6.131 |
| $\varepsilon$ | $2\times10^{-4}$ | $5\times10^{-4}$ | $1\times10^{-6}$ | $2\times10^{-3}$ | $1\times10^{-6}$ | $1\times10^{-5}$ |
| $\lambda$ | 2.857 | 3.333 | 8 | 2 | 8 | 6.667 |

（1）仿真 1-1

图 4-5 所示为本例的仿真结果，在帕累托最优前沿中，左右两个极值解分别为（600.112，0.222302）和（638.581，0.194211）。一般来说，对多目标优化中的优化目标单独求解时，其结果往往会优于多目标优化中的各自结果。所以，尽管仿真对象的真正全局最优解是未知的，这里仍可以使用单目标优化的结果作为"系统真值"（见表 4-5）来比较。

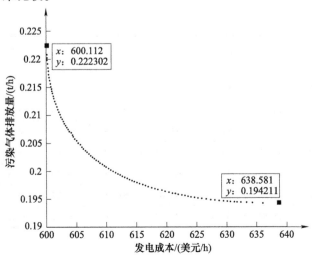

图 4-5　仿真 1-1 的仿真结果（使用 MHBA）

表 4-5　IEEE 30-bus 系统发电成本和污染气体排放量单独优化结果

| 最优解 | $P_1$/MW | $P_2$/MW | $P_3$/MW | $P_4$/MW | $P_5$/MW | $P_6$/MW | 发电成本 /(美元/h) | 污染气体排放 /(t/h) |
|---|---|---|---|---|---|---|---|---|
| 最优解 1 | 10.95 | 29.97 | 52.45 | 101.60 | 52.47 | 35.96 | 600.11 | 0.2221 |
| 最优解 2 | 40.58 | 45.92 | 53.80 | 38.30 | 53.78 | 51.01 | 638.26 | 0.1942 |

表 4-6 和表 4-7 分别给出了发电成本和污染气体排放量最优解与其他算法的比较情况。表 4-6 显示，MHBA 获得了最小的发电成本，其值（600.112）非常靠近表 4-5 中的单独优化结果（600.11），两者之间仅差 0.00033%。在表 4-7 中，MHBA、FSBF、SPEA 和 MO-DE/PSO 几乎获得了相同的污染气体排放量，其值非常靠近"真值"0.1942（见表 4-5），其余三个算法 NSBF、NPGA 和 NSGA 获得的值略大。通过比较可以看出，针对 IEEE 30-bus 系统，在仅考虑发电机有功出力的情况下，MHBA 在求解电力系统经济/排放调度问题时，可以获得非常好的效果。

表 4-6　仿真 1-1 的发电成本最优解

| 算法 | $P_1$/MW | $P_2$/MW | $P_3$/MW | $P_4$/MW | $P_5$/MW | $P_6$/MW | 发电成本 /(美元/h) | 污染气体排放 /(t/h) |
|---|---|---|---|---|---|---|---|---|
| MHBA | 10.96 | 30.07 | 52.11 | 101.86 | 52.44 | 35.93 | 600.112 | 0.2223 |
| FSBF | 10.77 | 30.11 | 52.49 | 101.43 | 52.23 | 36.38 | 600.1141 | 0.222 |
| NSBF | 13.3 | 39.42 | 49.99 | 99.06 | 55.49 | 36.14 | 600.2704 | 0.2198 |
| SPEA | 10.09 | 31.86 | 54.00 | 99.03 | 53.36 | 35.07 | 600.22 | 0.2206 |
| NPGA | 11.16 | 31.53 | 54.19 | 104.15 | 47.26 | 35.12 | 600.31 | 0.2238 |
| NSGA | 10.38 | 32.28 | 51.23 | 103.87 | 53.24 | 32.41 | 600.34 | 0.2241 |
| MO-DE/PSO | 10.78 | 30.4 | 52.37 | 101.47 | 52.23 | 36.16 | 600.115 | 0.22201 |

表 4-7　仿真 1-1 的污染气体排放量最优解

| 算法 | $P_1$/MW | $P_2$/MW | $P_3$/MW | $P_4$/MW | $P_5$/MW | $P_6$/MW | 发电成本 /(美元/h) | 污染气体排放 /(t/h) |
|---|---|---|---|---|---|---|---|---|
| MHBA | 40.33 | 45.61 | 53.55 | 37.71 | 54.76 | 51.41 | 638.5814 | 0.194211 |
| FSBF | 40.57 | 43.65 | 53.15 | 38.49 | 53.8 | 51.05 | 638.2835 | 0.1942 |
| NSBF | 42.07 | 45.54 | 51.61 | 36.05 | 53.08 | 55.06 | 642.1336 | 0.1944 |
| SPEA | 42.40 | 45.77 | 53.01 | 37.21 | 53.11 | 51.90 | 640.42 | 0.1942 |
| NPGA | 41.46 | 44.19 | 54.11 | 40.67 | 53.18 | 49.79 | 636.04 | 0.1943 |
| NSGA | 40.72 | 45.36 | 48.88 | 43.02 | 58.36 | 47.07 | 633.83 | 0.1946 |
| MO-DE/PSO | 40.61 | 45.81 | 54.08 | 38.22 | 53.76 | 50.91 | 638.270 | 0.194203 |

（2）仿真 1-2

所有约束条件都包含在仿真 1-2 中，图 4-6 所示为 MHBA 求解生成的帕累托最优前沿，共有 100 个非支配解。它的左右两个极值解分别是（607.39，0.220857）和（643.376，0.194209）。可以看出，这 100 个非支配解很好地描绘了 IEEE 30-bus 系统的经济/排放调度问题的帕累托最优前沿。表 4-8 和表 4-9 给出了 MHBA 与其他算法的求解结果比较。

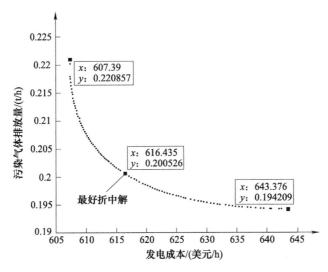

图 4-6　MHBA 求解生成的帕累托最优前沿

表 4-8　仿真 1-2 发电成本最优解（功率和线路损耗单位为 MW，发电成本单位为美元/h，污染气体排放单位为 t/h，运行时间单位为 s）

| 算法 | $P_1$ | $P_2$ | $P_3$ | $P_4$ | $P_5$ | $P_6$ | 发电成本 | 污染气体排放量 | 线路损耗 | 运行时间 |
|---|---|---|---|---|---|---|---|---|---|---|
| MHBA | 10.94 | 29.85 | 58.29 | 99.48 | 51.81 | 36.20 | 607.390 | 0.2208 | 3.20 | 74.609 |
| FSBF | 19.43 | 37.26 | 68.57 | 59.19 | 60.85 | 40.61 | 619.367 | 0.2015 | 2.51 | 181.72 |
| NSBF | 17.8 | 33.66 | 72.92 | 59.08 | 57.66 | 44.74 | 619.608 | 0.2027 | 2.46 | 208.96 |
| SPEA | 13.19 | 36.54 | 77.91 | 92.82 | 13.08 | 52.92 | 619.60 | 0.2244 | 3.06 | — |
| NPGA | 11.27 | 37.47 | 80.57 | 90.31 | 13.47 | 53.31 | 620.46 | 0.2243 | 3.0 | — |
| NSGA | 13.58 | 31.51 | 84.18 | 104.31 | 6.31 | 46.64 | 620.87 | 0.2048 | 3.13 | — |
| NSGA-Ⅱ+DCD | 11.44 | 30.29 | 60.43 | 97.95 | 51.56 | 35.18 | 608.128 | 0.2199 | 3.45 | — |
| NSGA-Ⅱ+DCD+CE | 11.44 | 30.57 | 59.84 | 98.02 | 51.52 | 35.46 | 608.124 | 0.2198 | 3.47 | — |
| MO-DE/PSO | 12.2 | 28.43 | 58.57 | 99.62 | 51.49 | 35.66 | 606.007 | 0.2208 | 2.55 | — |
| CMOPSO | 11.55 | 27.64 | 58.09 | 98.58 | 53.42 | 36.69 | 606.047 | 0.2204 | 2.56 | — |
| SMOPSO | 12.17 | 29.33 | 57.07 | 99.59 | 52.68 | 35.14 | 605.990 | 0.2206 | 2.59 | — |
| TV-MOPSO | 14.82 | 30.62 | 57.98 | 100.05 | 45.29 | 37.25 | 606.402 | 0.2197 | 2.60 | — |

表4-9　仿真1-2污染气体排放量最优解（功率和线路损耗单位为MW，发电成本单位为美元/h，
污染气体排放量单位为t/h，运行时间单位为s）

| 算法 | $P_1$ | $P_2$ | $P_3$ | $P_4$ | $P_5$ | $P_6$ | 发电成本 | 污染气体排放量 | 线路损耗 | 运行时间 |
|---|---|---|---|---|---|---|---|---|---|---|
| MHBA | 40.94 | 45.15 | 53.30 | 40.51 | 54.25 | 52.14 | 643.376 | 0.19420 | 2.920 | 74.609 |
| FSBF | 41.19 | 46.62 | 54.21 | 38.48 | 54.31 | 516 | 645.619 | 0.1942 | 3.01 | 181.72 |
| NSBF | 40.47 | 45.33 | 54.39 | 39.21 | 54.54 | 52.46 | 644.414 | 0.1942 | 3.00 | 208.96 |
| SPEA | 44.19 | 45.98 | 69.44 | 46.16 | 19.52 | 61.31 | 651.71 | 0.2019 | 3.20 | — |
| NPGA | 47.53 | 51.62 | 65.13 | 43.63 | 18.93 | 59.88 | 657.59 | 0.2017 | 3.35 | — |
| NSGA | 44.03 | 49.40 | 75.09 | 50.60 | 13.75 | 53.64 | 649.24 | 0.2048 | 3.11 | — |
| NSGA-Ⅱ+DCD | 41.00 | 46.10 | 55.28 | 38.94 | 54.46 | 50.88 | 645.399 | 0.1942 | 3.28 | — |
| NSGA-Ⅱ+DCD+CE | 41.02 | 46.16 | 54.46 | 39.00 | 54.48 | 51.57 | 645.647 | 0.1942 | 3.331 | — |
| MO-DE/PSO | 41.18 | 46.16 | 54.35 | 39.22 | 54.54 | 51.48 | 646.0243 | 0.19417 | 3.535 | — |
| CMOPSO | 40.67 | 46.66 | 54.47 | 39.17 | 54.17 | 51.77 | 645.9985 | 0.194182 | 3.517 | — |
| SMOPSO | 39.8 | 47.83 | 57.98 | 36.29 | 55.18 | 52.82 | 648.5035 | 0.194250 | 3.495 | — |
| TV-MOPSO | 39.26 | 47.24 | 54.84 | 41.33 | 55.03 | 49.09 | 642.7938 | 0.194267 | 3.392 | — |

表4-8给出了不同算法针对IEEE 30-bus系统得到的发电成本最优解。可以看出，SMOPSO取得了最小值，其与MHBA获取的发电成本相差1.400美元/h。但是，SMOPSO（以及MO-DE/PSO、CMOPSO和TV-MOPSO）生成的值是基于以下条件得到的：

1）传输线路的损耗使用B系数法计算。

2）有些约束条件没有考虑，如无功功率约束、线路潮流约束和电压幅值约束等，而这些约束条件都会对优化结果产生影响。

因此，比较重点主要放在表4-8中阴影部分的算法上。

在表4-8给出的算法中，MHBA取得了最小的发电成本，其值为607.390美元/h。该值明显优于FSBF、NSBF、SPEA、NPGA和NSGA得到的发电成本。其中，MHBA与FSBF/NSBF得到的发电成本之差约为12美元/h，这意味着一年时间内可以节省约100000美元。表4-8表明，在发电成本方面，MHBA生成的调度结果也优于NSGA-Ⅱ+DCD和NSGA-Ⅱ+DCD+CE。在最优污染气体排放量方面，表4-9同样给出了MHBA与其他算法的比较情况。同样，表4-9的比较重点也为阴影部分，MHBA、FSBF、NS-BF、NSGA-Ⅱ+DCD和NSGA-Ⅱ+DCD+CE几乎取得了相同的值，而SPEA、NPGA和NSGA取得的值略大。不仅如此，MHBA在线路损耗上的值是所有算法中最小的。通过以上比较分析可见，MHBA获得了质量更好的解。

接下来比较算法的运行时间。表4-8给出了MHBA、FSBF和NSBF三种算法的运行时间，其他算法的运行时间由于对应文献没有给出，所以无法提供。表4-8中MHBA的运行时间为74.609s，而FSBF和NSBF分别为181.72s和208.96s，由此可

见，在运行时间方面，MHBA 要明显优于 FSBF 和 NSBF，这主要归功于随机黑洞模型、混沌映射和 CLS 在 MHBA 中的应用。

为了进一步揭示 MHBA 求解电力系统经济/排放调度问题的先进性，表 4-10 给出了使用 MHBA 进行 10 次运行的统计与比较情况。其中，在最优发电成本方面，MHBA 生成的最大值、最小值和平均值分别为 607.5692 美元/h、607.3897 美元/h 和 607.4492 美元/h。可以看出，即便是最大值 607.5692 美元/h，也小于其他三个算法得到的最小值 608.12 美元/h。而在最优污染气体排放量方面，这几种算法几乎都取得了相同的 0.1942t/h。需要说明的是，在应用 NSGA-Ⅱ、NSGA-Ⅱ+DCD 和 NSGA-Ⅱ+DCD+CE 的仿真案例中，污染气体排放量的目标函数为

$$E(P) = \sum_{i=1}^{N} \left[ 10^{-2}(\alpha_i P_i^2 + \beta_i P_i + \gamma_i) \right] \tag{4-8}$$

相比 MHBA 使用的目标函数，即式（2-14），指数项 $\varepsilon_i \exp(\lambda_i P_i)$ 被忽略了。以上统计分析表明，不管是在最优解上还是在解的稳定性上，MHBA 都占据绝对优势。

表 4-10　使用 MHBA 进行 10 次运行的统计与比较情况
（发电成本单位为美元/h，污染气体排放量单位为 t/h）

| 算法 | 项目 | 最大值 | 最小值 | 平均值 |
|---|---|---|---|---|
| MHBA | 最优发电成本 | 607.5692 | 607.3897 | 607.4492 |
| | 最优污染气体排放量 | 0.1942 | 0.1942 | 0.1942 |
| NSGA-Ⅱ | 最优发电成本 | — | 608.13 | — |
| | 最优污染气体排放量 | — | 0.1942 | — |
| NSGA-Ⅱ+DCD | 最优发电成本 | — | 608.13 | — |
| | 最优污染气体排放量 | — | 0.1942 | — |
| NSGA-Ⅱ+DCD+CE | 最优发电成本 | — | 608.12 | — |
| | 最优污染气体排放量 | — | 0.1942 | — |

下面针对非支配解的质量进行定量分析，首先给出两个衡量标准：

1）基于转动惯量的解的多样性衡量（Diversity Metric）。

多样性衡量基于转动惯量进行，主要用于衡量高维空间的质量分布。对于 $n$ 维空间，第 $i$ 个维度的质心 $C_i$ 定义为

$$C_i = \sum_{j=1}^{N_{\max}} x_{ij} / N_{\max} \qquad i = 1, \cdots, n \tag{4-9}$$

式中，$x_{ij}$ 为第 $j$ 个解的第 $i$ 个维度值；$N_{\max}$ 为解的数量。

那么，基于转动惯量的解的多样性衡量尺度定义为

$$I = \sum_{i=1}^{n} \sum_{j=1}^{N_{\max}} (x_{ij} - C_i)^2 \tag{4-10}$$

对应仿真 1-2，$n$ 为系统维度 $N_n$，$N_{\max}$ 为非支配解的个数 $N_{\text{non}}$。$I$ 的值越大，解的多样

性越好，即帕累托最优前沿的多样性越好。表 4-11 给出了图 4-5 和图 4-6 中的多样性衡量尺度 $I$ 的计算结果。

在表 4-11 中，共有三种算法的多样性衡量尺度 $I$。可以看出，在仿真 1-1 中，MHBA 得到的 $I$ 的最大值是 43379.1460，分别是 FSBF 和 NSBF 获得的值的 2.877（43379.1460/15076.46）倍和 2.966（43379.1460/14623.06）倍。另外，MHBA 获得的 $I$ 的平均值是 41079.4472，分别是 FSBF 和 NSBF 获得的平均值的 3.69（41079.4472/11118.879）倍和 4.32（41079.4472/9497.6065）倍。与此同时，在标准差方面，MHBA 是所有算法中最小的，同样的情况也出现在仿真 1-2 中。显然，在解的多样性衡量方面，MHBA 明显优于 FSBF 和 NSBF。注意：由于其他文献没有提供多样性衡量尺度的数据，所以，与其他算法无法比较。

表 4-11　多样性衡量尺度 $I$ 的计算结果

| 算法 | 仿真 | 最大值 | 平均值 | 标准差 |
|---|---|---|---|---|
| MHBA | 1-1 | 43379.1460 | 41079.4472 | 1069.1340 |
| | 1-2 | 39453.9692 | 35631.4527 | 1493.7501 |
| FSBF | 1-1 | 15076.46 | 11118.879 | 3444.9939 |
| | 1-2 | 7465.6546 | 3214.6512 | 3619.7948 |
| NSBF | 1-1 | 14623.06 | 9497.6065 | 2616.663 |
| | 1-2 | 6780.1506 | 1555.7447 | 1876.5847 |

2）解的间距衡量标准（Spacing Metric）。

这一衡量标准用来测量相邻非支配解的空间距离方差，也就是分析帕累托最优前沿上非支配解的分布情况，其数学描述为

$$S = \sqrt{\frac{1}{N_{\max} - 1} \sum_{i=1}^{N_{\text{non}}} (\overline{D} - D_i)^2} \qquad (4\text{-}11)$$

式中，$D_i = \min_j \left\{ \sum_{k=1}^{n_f} |x_k^i - x_k^j| \right., j = 1, \cdots, N_{\text{non}}, j \neq i \}$；$i = 1, \cdots, N_{\text{non}}$；$\overline{D}$ 为 $D_i$ 的平均值；$x_k^i$ 和 $x_k^j$ 分别为帕累托最优前沿中第 $i$ 和 $j$ 个非支配解对应的第 $k$ 个优化目标的拟合值。

如果帕累托最优前沿中的所有非支配解都是等距离分布的，那么 $S$ 的值就为 0。因此，$S$ 的值越小，说明解的分布越均匀。表 4-12 给出了图 4-5 和图 4-6 中非支配解的间距衡量准则计算结果。

表 4-12　间距衡量准则计算结果

| 算法 | 仿真 | 最优值 | 平均值 | 标准差 |
|---|---|---|---|---|
| MHBA | 1-1 | 0.1817 | 0.2250 | 0.0452 |
| | 1-2 | 0.1712 | 0.2294 | 0.0632 |

（续）

| 算法 | 仿真 | 最优值 | 平均值 | 标准差 |
|------|------|--------|--------|--------|
| FSBF | 1-1 | 0.1491 | 0.4312 | 0.0667 |
|      | 1-2 | 0.0541 | 0.2917 | 0.0978 |
| NSBF | 1-1 | 0.2896 | 0.4338 | 0.0755 |
|      | 1-2 | 0.0285 | 0.1886 | 0.0935 |

表 4-12 表明，针对间距衡量准则，在仿真 1-1 中，MHBA 获得的最优值是 0.1817，该值位于 0.1491（由 FSBF 生成）和 0.2896（由 NSBF 生成）之间，而在平均值方面，MHBA 获得的值是 0.2250，几乎是 FSBF 和 NSBF 获得的值的一半，并且在标准差方面，MHBA 也获得了最小值。由此可以看出，比起 FSBF 与 NSBF，MHBA 取得了相对较好的比较结果。在仿真 1-2 中，NSBF 获得了最好的平均值，而 MHBA 获得了最小的标准差。MHBA 获得的最优值为 0.1712，大约是 FSBF 和 NSBF 所获得值的 3.16 倍和 6.00 倍。然而，在平均值方面，MHBA 是 0.2294，介于 FSBF（0.2917）和 NSBF（0.1886）获得的值之间，并且 MHBA 获得了最小的标准差。这意味着 NSBF 和 FSBF 获得比较好的解的概率非常小。基于以上对非支配解的多样性衡量和间距衡量准则分析，可以看出，比起 FSBF 和 NSBF，MHBA 获得了相对更优质的解。

总之，基于以上的比较分析，本章提出的针对 IEEE 30-bus 系统的经济/排放调度问题的求解方法具备显著的先进性。

**2. 算例分析 2**

算例分析 1 介绍了使用 MHBA 求解经济/排放调度问题的有效性和先进性，下面针对大规模电力系统的经济/排放调度问题进行进一步介绍。

这里使用 MHBA 求解 IEEE 118-bus 系统的经济/排放调度问题，该系统共含有 19 个发电机，并考虑了发电机组的爬坡水平、开机成本、关机成本和发电机有功出力等约束，系统总负荷为 3668 MW。本算例分析中，MHBA 的种群数量为 50，脉冲发送的最小和最大频率分别为 0 和 0.01，随机黑洞模型中的 $r_d$ 和 $p$ 分别为 1 和 0.5，CLS 中的学习概率 $P_c$ 为 0.1。本算例分析共有三个仿真，都包含了爬坡约束。出于与其他算法比较的目的，第一个仿真没有考虑禁止操作区域约束，第二个仿真则考虑了禁止操作区域约束，第三个仿真包含了 4.4.1 节提到的所有约束。

（1）仿真 2-1（不考虑禁止操作区域约束）

图 4-7 所示为针对 IEEE 118-bus 系统，不考虑禁止操作区域约束时的 10 次仿真运行中，MHBA 取得最优发电成本和最优污染气体排放量时的帕累托最优前沿。两个最优解分别为（10186.8，5.5417）和（11433.3，5.5117），表 4-13 和表 4-14 分别给出了 MHBA 与其他算法的详细比较结果。在表 4-13 中，MHBA 取得了最小的发电成本 10186.8 美元/h，比其他 5 种算法得到的值要小很多，且 MHBA 得到的污染气体排放量也要比其他算法小，不到其他算法生成值的一半（MHBA 的生成值是 5.5417t/h，

其他算法都在 13t/h 以上）。表 4-14 中，MHBA 得到的最优污染气体排放量是 5.5117t/h，最小值由 NSGA-Ⅱ+DCD+CE 获得，其值为 5.4230t/h。尽管 MHBA 没能 获得最小值，但是两者之间的差值仅为 0.0887t/h（增加的比率为 1.61%）。作为对 比，在表 4-13 中的发电成本一项，MHBA 要比 NSGA-Ⅱ+DCD+CE 低 1210.0 美元/h，比率为 11.88%。因此，如果把 NSGA-Ⅱ+DCD+CE 生成的非支配解和 MHBA 生成的非 支配解放在一起，则 NSGA-Ⅱ+DCD+CE 生成的解绝大部分会被 MHBA 生成的解支配，最好的折中解正好能说明这一点。在图 4-7 中，MHBA 生成的最好的折中解为 （10634.2，5.5191），但应用 NSGA-Ⅱ+DCD+CE 得到的最好的折中解为 （16205.3，5.7848）。显然，MHBA 获得了更好的折中解。

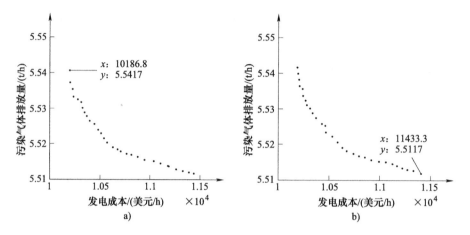

图 4-7 仿真 2-1 不同情况下的帕累托最优前沿

a) 取得最优发电成本时的帕累托最优前沿（不考虑禁止操作区域约束）

b) 取得最优污染气体排放量时的帕累托最优前沿（不考虑禁止操作区域约束）

表 4-13 仿真 2-1 的 10 次仿真运行中最优发电成本比较（功率和线路损耗单位为 MW，发电成本 单位为美元/h，污染气体排放量单位为 t/h，运行时间单位为 s）

| 项目 | MHBA | MNSGA-Ⅱ | NSGA-Ⅱ | RCGA | NSGA-Ⅱ+DCD | NSGA-Ⅱ+DCD+CE |
|---|---|---|---|---|---|---|
| $P_1$ | 787.58 | 611.29 | 640.18 | 673.52 | 623.95 | 691.44 |
| $P_2$ | 499.45 | 62.23 | 54.08 | 73.06 | 50.67 | 68.45 |
| $P_3$ | 10.00 | 89.07 | 83.84 | 76.07 | 89.25 | 89.24 |
| $P_4$ | 30.00 | 298.65 | 285.21 | 299.99 | 297.64 | 297.08 |
| $P_5$ | 231.01 | 40.07 | 40.49 | 40.00 | 40.07 | 40.07 |
| $P_6$ | 1.00 | 5.32 | 1.44 | 1.02 | 4.97 | 1.45 |
| $P_7$ | 3.00 | 9.50 | 12.74 | 17.65 | 20.32 | 20.57 |
| $P_8$ | 30.00 | 31.86 | 30.03 | 30.00 | 30.36 | 30.64 |
| $P_9$ | 5.00 | 41.87 | 48.72 | 10.39 | 48.81 | 24.15 |

（续）

| 项目 | MHBA | MNSGA-II | NSGA-II | RCGA | NSGA-II + DCD | NSGA-II + DCD+CE |
|---|---|---|---|---|---|---|
| $P_{10}$ | 27.81 | 195.86 | 151.96 | 138.69 | 185.46 | 102.17 |
| $P_{11}$ | 20.00 | 197.05 | 190.13 | 199.99 | 197.07 | 194.79 |
| $P_{12}$ | 399.21 | 395.26 | 394.83 | 399.59 | 399.18 | 396.96 |
| $P_{13}$ | 398.85 | 398.51 | 397.63 | 399.95 | 398.78 | 399.90 |
| $P_{14}$ | 598.30 | 582.46 | 590.54 | 599.99 | 570.08 | 599.47 |
| $P_{15}$ | 1.00 | 3.02 | 3.99 | 3.68 | 1.52 | 1.52 |
| $P_{16}$ | 625.27 | 658.53 | 672.04 | 690.62 | 631.74 | 690.24 |
| $P_{17}$ | 152.11 | 243.36 | 240.91 | 228.31 | 265.22 | 222.73 |
| $P_{18}$ | 5.00 | 10.79 | 36.10 | 5.31 | 7.36 | 5.28 |
| $P_{19}$ | 4 | 5.70 | 6.96 | 8.30 | 4.04 | 4.79 |
| 线路损耗 | 160.58 | 212.5 | 213.90 | 228.50 | 198.56 | 213.03 |
| 发电成本 | 10186.8 | 11552.0 | 11577.5 | 11509.7 | 11451.2 | 11396.8 |
| 污染气体排放量 | 5.5417 | 13.7960 | 14.1910 | 14.9726 | 13.4788 | 15.0395 |
| 运行时间 | 104.797 | 825.875 | 838.171 | 31806.1 | 806 | 1142 |

表 4-14　仿真 2-1 的 10 次仿真运行中最优污染气体排放量比较（功率和线路损耗单位为 MW，发电成本单位为美元/h，污染气体排放量单位为 t/h）

| 项目 | MHBA | MNSGA-II | NSGA-II | RCGA | NSGA-II + DCD | NSGA-II + DCD+CE |
|---|---|---|---|---|---|---|
| $P_1$ | 299.12 | 330.36 | 314.73 | 310.33 | 3221.12 | 321.08 |
| $P_2$ | 482.28 | 436.53 | 396.63 | 425.52 | 397.62 | 430.21 |
| $P_3$ | 10.00 | 89.83 | 82.98 | 89.99 | 88.88 | 89.57 |
| $P_4$ | 30.00 | 299.49 | 299.49 | 299.99 | 292.13 | 292.13 |
| $P_5$ | 40.00 | 394.78 | 395.52 | 399.99 | 389.20 | 399.51 |
| $P_6$ | 1.00 | 5.68 | 8.83 | 1.66 | 8.81 | 5.11 |
| $P_7$ | 3.22 | 8.78 | 22.66 | 18.70 | 18.95 | 18.12 |
| $P_8$ | 240.00 | 239.60 | 236.20 | 239.99 | 239.39 | 239.82 |
| $P_9$ | 5.00 | 40.01 | 49.48 | 49.98 | 49.44 | 49.24 |
| $P_{10}$ | 146.19 | 197.99 | 199.66 | 199.95 | 198.21 | 199.94 |
| $P_{11}$ | 200.00 | 194.05 | 198.92 | 199.99 | 194.89 | 198.63 |
| $P_{12}$ | 399.95 | 303.40 | 340.86 | 291.42 | 300.93 | 295.67 |
| $P_{13}$ | 400.00 | 385.21 | 386.81 | 399.83 | 399.91 | 384.51 |
| $P_{14}$ | 599.86 | 157.57 | 174.59 | 167.68 | 171.33 | 165.63 |
| $P_{15}$ | 1.00 | 3.78 | 4.89 | 1.64 | 1.29 | 4.16 |
| $P_{16}$ | 699.49 | 310.37 | 303.70 | 307.75 | 312.47 | 300.89 |

（续）

| 项目 | MHBA | MNSGA-II | NSGA-II | RCGA | NSGA-II + DCD | NSGA-II + DCD+CE |
|------|------|----------|---------|------|------|------|
| $P_{17}$ | 300.00 | 291.66 | 276.89 | 292.74 | 296.32 | 289.17 |
| $P_{18}$ | 5.00 | 46.15 | 38.28 | 49.98 | 49.61 | 49.33 |
| $P_{19}$ | 5.01 | 39.74 | 39.80 | 26.84 | 37.83 | 38.96 |
| 线路损耗 | 199.12 | 107.1 | 103 | 106.0 | 101.42 | 103.79 |
| 发电成本 | 11433.0 | 18311.0 | 17993.4 | 18227.5 | 17948.6 | 18343.2 |
| 污染气体排放量 | 5.5117 | 5.5466 | 5.4950 | 5.4876 | 5.4451 | 5.4230 |

表 4-13 也给出了算法运行时间的比较情况，其中 MHBA 的运行时间为 104.797s。而对于其他几种算法来说，运行时间最短的是 NSGA-II +DCD（806s），最费时的是 RCGA，其运行时间达到了 31806.1s。MHBA 较短的运行时间仍然要归功于随机黑洞模型和 CLS 的使用。由于随机黑洞模型的使用，个体能实现单个维度的更新，这使得 MHBA 更适合高维系统寻优。此外，随机黑洞模型还有利于扩大全局搜索能力，加快收敛速度。在每次迭代过程中，随机黑洞模型会选择当前群体最优作为随机黑洞产生的基准点，这有助于个体寻找更精确的解，主要原因如下：

1）随机黑洞模型中的有效作用半径 $r_d$ 有助于扩大搜索区域，一个合适的 $r_d$ 的值还有利于加快收敛速度。

2）随机黑洞模型有助于发现更优质的解。如果当前群体最优是一个局部最优解，则随机黑洞模型将帮助个体逃离局部最优点。如果当前群体最优靠近实际全局最优点（尽管它是未知的），随机黑洞模型将帮助个体在真实的全局最优解附近进行彻底寻优。为更进一步揭示 MHBA 求解大规模电力系统经济/排放调度的先进性，表 4-15 给出了相关算法 10 次仿真运行时的最优发电成本和最优污染气体排放量的统计结果。显然，MHBA 得到的最优发电成本的最大值、最小值和平均值都要小于其他算法得到的最小值。

表 4-15  仿真 2-1 的 10 次仿真运行的统计结果（发电成本单位为美元/h，
污染气体排放量单位为 t/h）

| 算法 | 项目 | 最大值 | 最小值 | 平均值 |
|------|------|--------|--------|--------|
| MHBA | 发电成本 | 10226.3 | 10186.8 | 10205.2 |
| | 污染气体排放量 | 5.5121 | 5.5117 | 5.5119 |
| NSGA-II | 发电成本 | — | 11440.8 | — |
| | 污染气体排放量 | — | 5.4164 | — |
| NSGA-II +DCD | 发电成本 | — | 11451.2 | — |
| | 污染气体排放量 | — | 5.4451 | — |
| NSGA-II +DCD+CE | 发电成本 | — | 11396.8 | — |
| | 污染气体排放量 | — | 5.4320 | — |

（2）仿真 2-2（考虑禁止操作区域约束）

此处的仿真对象仍为 IEEE 118-bus 系统，且系统和算法的参数与仿真 2-1 一致。以下比较均基于 10 次算法运行的结果。

图 4-8 所示为 10 次运行中 MHBA 得到最小发电成本和最小污染气体排放量时的帕累托最优前沿，其最小的发电成本为 10208.1 美元/h，最小的污染气体排放量为 5.5119t/h。由于禁止操作区域约束的存在，这两个值比图 4-7 中的略大。表 4-16 给出了获得最优发电成本时几种算法的比较情况。其中，MHBA 获得了最小值 10208.1 美元/h，相比 MNSGA-Ⅱ、NSGA-Ⅱ 和 RCGA，其下降百分比分别为 16.6%、26.0% 和 14.2%。在运行时间方面，MHBA 更具优势，其消耗的运行时间为 105.885s。相比之下，MNSGA-Ⅱ、NSGA-Ⅱ 的运行时间分别为 1762.45s 和 1781.69s，而 RCGA 则需 63638.3s。MHBA 的运行时间仅为上述三种算法的 6%、5.9% 和 0.166%，这极大节省了计算成本。

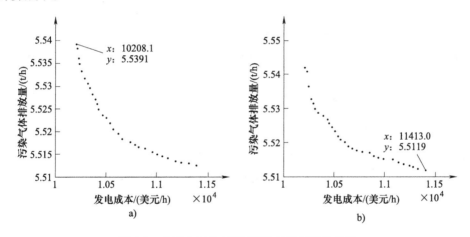

图 4-8　仿真 2-2 不同情况下的帕累托最优前沿

a）取得最优发电成本时的帕累托最优前沿（考虑禁止操作区域约束）

b）取得最优污染气体排放量时的帕累托最优前沿（考虑禁止操作区域约束）

表 4-16　仿真 2-2 的 10 次仿真运行中最优发电成本比较（功率和线路损耗单位为 MW，发电成本单位为美元/h，污染气体排放单位为 t/h，运行时间单位为 s）

| 项目 | MHBA | MNSGA-Ⅱ | NSGA-Ⅱ | RCGA |
|---|---|---|---|---|
| $P_1$ | 831.62 | 661.11 | 652.05 | 825.00 |
| $P_2$ | 406.22 | 158.57 | 300.50 | 150.00 |
| $P_3$ | 10.00 | 68.77 | 66.82 | 80.99 |
| $P_4$ | 30.08 | 299.34 | 232.64 | 229.98 |
| $P_5$ | 235.76 | 41.29 | 101.62 | 40.00 |
| $P_6$ | 1.00 | 8.75 | 8.78 | 1.00 |
| $P_7$ | 3.00 | 6.27 | 18.62 | 22.98 |

| 项目 | MHBA | MNSGA-II | NSGA-II | RCGA |
|---|---|---|---|---|
| $P_8$ | 104.19 | 31.94 | 30.60 | 30.00 |
| $P_9$ | 5.00 | 39.28 | 32.01 | 39.99 |
| $P_{10}$ | 20.00 | 196.55 | 122.00 | 132.35 |
| $P_{11}$ | 20.00 | 159.66 | 88.37 | 199.99 |
| $P_{12}$ | 363.83 | 391.21 | 322.58 | 324.88 |
| $P_{13}$ | 398.63 | 399.68 | 383.36 | 399.99 |
| $P_{14}$ | 599.17 | 433.54 | 555.77 | 562.95 |
| $P_{15}$ | 1.00 | 1.31 | 2.91 | 1.00 |
| $P_{16}$ | 698.46 | 652.24 | 666.42 | 549.97 |
| $P_{17}$ | 100.00 | 285.50 | 217.14 | 224.88 |
| $P_{18}$ | 6.38 | 15.17 | 8.09 | 5.00 |
| $P_{19}$ | 4.00 | 7.08 | 33.09 | 4.00 |
| 线路损耗 | 170.33 | 189.32 | 170.93 | 157.1 |
| 发电成本 | 10208.1 | 11904.1 | 12862.4 | 11655.8 |
| 污染气体排放量 | 5.5391 | 11.9724 | 13.0403 | 13.0098 |
| 运行时间 | 105.885 | 1762.45 | 1781.69 | 63638.3 |

表 4-17 给出了最优污染气体排放量的比较结果。其中，MHBA 得到的值是 5.5119t/h，而其他三种算法得到的值分别是 6.0496t/h、6.3309t/h 和 5.7111t/h。可见，MHBA 在污染气体排放量方面的求解结果也优于参与比较的算法。

表 4-17 仿真 2-2 的 10 次仿真运行中最优污染气体排放比较（功率和线路损耗单位为 MW，发电成本单位为美元/h，污染气体排放量单位为 t/h）

| 项目 | MHBA | MNSGA-II | NSGA-II | RCGA |
|---|---|---|---|---|
| $P_1$ | 303.59 | 316.79 | 311.37 | 300.00 |
| $P_2$ | 484.82 | 452.19 | 386.74 | 450.00 |
| $P_3$ | 10.01 | 68.53 | 89.76 | 89.99 |
| $P_4$ | 30.00 | 246.66 | 174.62 | 249.99 |
| $P_5$ | 40.30 | 347.02 | 348.12 | 388.01 |
| $P_6$ | 1.30 | 9.38 | 9.80 | 9.99 |
| $P_7$ | 3.00 | 8.51 | 22.99 | 22.99 |
| $P_8$ | 240.00 | 238.16 | 234.40 | 239.96 |
| $P_9$ | 6.53 | 49.80 | 39.64 | 499.99 |
| $P_{10}$ | 136.17 | 199.96 | 199.98 | 199.99 |
| $P_{11}$ | 200.00 | 199.18 | 199.44 | 199.99 |
| $P_{12}$ | 400.00 | 279.95 | 350.61 | 250.41 |

（续）

| 项目 | MHBA | MNSGA-II | NSGA-II | RCGA |
|---|---|---|---|---|
| $P_{13}$ | 400.00 | 399.67 | 399.96 | 372.41 |
| $P_{14}$ | 600.00 | 157.96 | 220.42 | 149.54 |
| $P_{15}$ | 1.00 | 1.78 | 3.89 | 4.994 |
| $P_{16}$ | 700.00 | 451.47 | 451.07 | 450.00 |
| $P_{17}$ | 300.00 | 282.65 | 289.00 | 255.32 |
| $P_{18}$ | 5.69 | 45.12 | 5.23 | 49.99 |
| $P_{19}$ | 4.00 | 19.04 | 31.43 | 39.99 |
| 线路损耗 | 198.42 | 105.90 | 100.56 | 105.70 |
| 发电成本 | 11413.0 | 17541.7 | 16910.6 | 18240.6 |
| 污染气体排放量 | 5.5119 | 6.0496 | 6.3309 | 5.7111 |

为进一步揭示 MHBA 求解 IEEE 118-bus 系统的先进性，表 4-18 给出了使用 MHBA 进行 10 次仿真运行的统计结果。可以看出，即便是 MHBA 生成的发电成本和污染气体排放量两个目标的最大值（分别是 10222.6 美元/h 和 5.5150t/h）也要比表 4-16 和表 4-17 中其他算法生成的最小值还要小。不仅如此，在这 10 次运行的结果中，发电成本的最大值和最小值与平均值之差分别为 1.4 美元/h 和 13 美元/h，污染气体排放量的最大值和最小值与平均值之差分别为 0.0024t/h 和 0.0007t/h。

表 4-18　仿真 2-2 的 10 次仿真运行的统计结果（发电成本单位为美元/h，污染气体排放量单位为 t/h）

| 算法 | 类别 | 最大值 | 最小值 | 平均值 |
|---|---|---|---|---|
| MHBA | 发电成本 | 10222.6 | 10208.1 | 10221.2 |
| | 污染气体排放量 | 5.5150 | 5.5119 | 5.5126 |

以上差值占各自平均值的比重非常小，这表明 MHBA 在求解 IEEE 118-bus 系统的经济/排放调度问题时，其得到的结果不仅显著优于其他参与比较的算法，而且求解结果的波动性较小，非常稳定。

综上所述，针对 IEEE 118-bus 系统的经济/排放调度问题，MHBA 不仅在最优结果上优于参与比较的其他算法，而且在运行时间上也大大领先。

（3）仿真 2-3（考虑所有提及的约束）

此处包含本章提及的所有约束条件，且参数和仿真 2-2 一致。在仿真 2-3 中，仍然以 10 次随机仿真结果进行对比分析。

图 4-9 所示为 10 次随机仿真运行中具有最小发电成本和最小污染气体排放量时的帕累托最优前沿。图 4-9a 显示，MHBA 获得的最小发电成本为 10537.6 美元/h，由于目标函数考虑了阀点效应的影响，其值比仿真 2-2 中的最小发电成本（10208.1 美元/h）略大。在污染气体排放量方面，从图 4-9b 中可见，MHBA 获得的最小污染气体排

放量为 5.5117t/h，略小于仿真 2-2 中得到的值（5.5119t/h）。

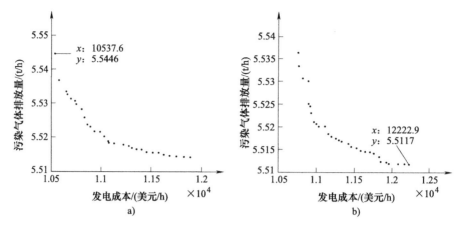

图 4-9　仿真 2-3 不同情况下的帕累托最优前沿

a）取得最优发电成本时的帕累托最优前沿（考虑所有提及的约束）

b）取得最优污染气体排放量时的帕累托最优前沿（考虑所有提及的约束）

表 4-19 和表 4-20 给出了 MHBA 与其他算法在获得最优发电成本和污染气体排放量时的最优解比较情况。需要指出的是，用以对比的算法均没有考虑禁止操作区域约束。但是，即使在这样的条件下，与参与比较的算法相比，MHBA 依然得到了最小的发电成本和污染气体排放量。表 4-19 表明，MHBA 所获得的最优发电成本为 10537.6 美元/h，其他三个算法得到的最优发电成本分别为 11944.0 美元/h、12043.8 美元/h 和 12039.2 美元/h，分别比 MHBA 得到的值高出约 13.34%、14.29% 和 14.24%。在表 4-20 中，MHBA 得到的最优污染气体排放量为 5.5117t/h，也是所有算法中最小的。在运行时间方面，MHBA 也具有显著优势。由表 4-19 可见，MHBA 的运行时间约为 109.664s。在其他三个算法中，最短的时间为 867.342s，约是 MHBA 的 7.9 倍。

表 4-19　仿真 2-3 的 10 次仿真运行中最优发电成本比较（功率和线路损耗单位为 MW，发电成本单位为美元/h，污染气体排放量单位为 t/h，运行时间单位为 s）

| 项目 | MHBA | MNSGA-II | NSGA-II | RCGA |
|---|---|---|---|---|
| $P_1$ | 876.82 | 647.70 | 619.24 | 657.56 |
| $P_2$ | 483.11 | 52.96 | 95.49 | 56.72 |
| $P_3$ | 10.95 | 88.71 | 89.43 | 83.98 |
| $P_4$ | 31.11 | 295.43 | 299.84 | 295.47 |
| $P_5$ | 250.00 | 41.97 | 40.39 | 40.36 |
| $P_6$ | 1.00 | 7.01 | 2.91 | 3.99 |
| $P_7$ | 3.00 | 16.57 | 10.56 | 17.01 |
| $P_8$ | 30.00 | 30.89 | 33.21 | 30.11 |
| $P_9$ | 5.00 | 47.87 | 33.63 | 46.01 |

（续）

| 项目 | MHBA | MNSGA-Ⅱ | NSGA-Ⅱ | RCGA |
|---|---|---|---|---|
| $P_{10}$ | 20.00 | 171.92 | 198.87 | 152.79 |
| $P_{11}$ | 20.00 | 192.81 | 191.02 | 199.62 |
| $P_{12}$ | 385.48 | 399.75 | 386.31 | 399.86 |
| $P_{13}$ | 396.17 | 399.46 | 395.33 | 384.55 |
| $P_{14}$ | 599.63 | 581.20 | 548.72 | 597.15 |
| $P_{15}$ | 1.00 | 1.18 | 1.09 | 2.93 |
| $P_{16}$ | 698.72 | 602.69 | 661.36 | 651.21 |
| $P_{17}$ | 30.00 | 271.81 | 252.20 | 239.03 |
| $P_{18}$ | 5.00 | 6.76 | 5.97 | 23.03 |
| $P_{19}$ | 4.21 | 6.16 | 4.80 | 5.50 |
| 线路损耗 | 198.07 | 194.93 | 202.46 | 218.98 |
| 发电成本 | 10537.6 | 11944.0 | 12043.8 | 12039.2 |
| 污染气体排放量 | 5.5446 | 13.5930 | 13.2770 | 14.2840 |
| 运行时间 | 109.664 | 870.523 | 867.342 | 31938.32 |

表 4-20 仿真 2-3 的 10 次仿真运行中最优污染气体排放比较（功率和线路损耗单位为 MW，发电成本单位为美元/h，污染气体排放量单位为 t/h）

| 项目 | MHBA | MNSGA-Ⅱ | NSGA-Ⅱ | RCGA |
|---|---|---|---|---|
| $P_1$ | 300.05 | 318.55 | 309.40 | 299.24 |
| $P_2$ | 499.49 | 406.68 | 413.20 | 429.01 |
| $P_3$ | 10.00 | 80.82 | 84.30 | 83.29 |
| $P_4$ | 30.00 | 297.83 | 284.14 | 283.87 |
| $P_5$ | 40.00 | 396.48 | 395.50 | 399.73 |
| $P_6$ | 1.02 | 8.39 | 6.53 | 9.87 |
| $P_7$ | 3.00 | 22.85 | 22.85 | 22.16 |
| $P_8$ | 239.76 | 232.41 | 238.81 | 236.78 |
| $P_9$ | 5.65 | 43.54 | 49.86 | 44.70 |
| $P_{10}$ | 126.86 | 199.39 | 178.82 | 199.21 |
| $P_{11}$ | 200.00 | 198.89 | 194.30 | 199.48 |
| $P_{12}$ | 400.00 | 330.96 | 320.01 | 362.94 |
| $P_{13}$ | 399.49 | 390.69 | 389.45 | 371.46 |
| $P_{14}$ | 600.00 | 177.04 | 159.18 | 168.44 |
| $P_{15}$ | 1.66 | 4.80 | 3.02 | 1.88 |
| $P_{16}$ | 700.00 | 316.59 | 347.36 | 282.91 |
| $P_{17}$ | 300.00 | 263.65 | 288.18 | 296.96 |
| $P_{18}$ | 6.37 | 47.78 | 48.76 | 49.15 |

（续）

| 项目 | MHBA | MNSGA-Ⅱ | NSGA-Ⅱ | RCGA |
|------|------|---------|--------|------|
| $P_{19}$ | 4.65 | 34.53 | 37.94 | 31.69 |
| 线路损耗 | 200.05 | 103.95 | 103.69 | 104.86 |
| 发电成本 | 12222.9 | 18482.0 | 18533.6 | 18795.7 |
| 污染气体排放量 | 5.5117 | 5.5210 | 5.5390 | 5.5630 |

表 4-21 给出了 10 次仿真结果中两个优化目标的最大值、最小值和平均值统计情况。可见，即便是 MHBA 得到的最大发电成本（10864.54 美元/h）也是表 4-19 中其他算法所得最优值中最小的。同样，MHBA 得到的最大污染气体排放量是 5.5142t/h，也小于其他算法得到的最优值（见表 4-20）。基于以上分析可知，针对 IEEE 118-bus 系统的经济/排放调度问题，MHBA 具有绝对优势。

表 4-21　仿真 2-3 的 10 次仿真运行的统计结果（发电成本单位为美元/h，
污染气体排放量单位为 t/h）

| 算法 | 类别 | 最大值 | 最小值 | 平均值 |
|------|------|--------|--------|--------|
| MHBA | 发电成本 | 10864.54 | 10537.64 | 10720.84 |
|      | 污染气体排放量 | 5.5142 | 5.5117 | 5.5126 |

#### 3. 算例分析 3

本算例分析使用 MHBA 求解 IEEE 300-bus 系统的经济/排放调度问题。IEEE 300-bus 系统总负荷为 23525.85MW，共有 57 个发电机。本算例分析的重点在于阐述 MHBA 应用于大规模系统的有效性，同时考虑到目前几乎没有针对大规模电力系统的经济/排放调度问题的研究成果，也没有相关的系统参数，因此，这里不考虑爬坡约束和禁止操作区域约束。在 MHBA 中，有效作用半径 $r_d$ 以分段化的方式处理，在第 1~200 步中，其值为 50，之后的 $r_d$ 都设置为 1，其他参数与算例分析 2 相同。为了更好地展示 MHBA 的有效性，这里也进行 10 次仿真运行。

图 4-10 所示为 MHBA 的 10 次仿真中最优发电成本和污染气体排放量对应的帕累托最优前沿，这两组最优值分别为（62897.2，11.6701）和（66317.4，11.5385），其对应的解分别见表 4-22 和表 4-23。现有文献几乎没有关于 IEEE 300-bus 系统的经济/排放调度研究结果，因此这里只给出本书的解。从表 4-22 中可以看到，针对 IEEE 300-bus 系统，MHBA 的运行时间约 265s，这比 IEEE 118-bus 系统中其他算法的运行时间要小得多（见表 4-19）。这也说明了 MHBA 在处理高维系统时具有显著的先进性。线路损耗在表 4-22 和表 4-23 中分别占总有功输出的 2.01% 和 5.23%。表 4-24 同样给出了这 10 次运行的统计结果。

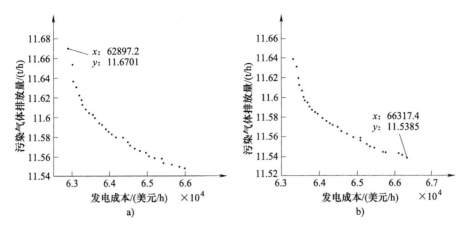

图 4-10　算例分析 3 不同情况下的帕累托最优前沿

a）最优发电成本对应的帕累托最优前沿　b）最优污染气体排放量对应的帕累托最优前沿

表 4-22　算例分析 3 的发电成本最优解（功率和线路损耗单位为 MW，发电成本单位为美元/h，污染气体排放量单位为 t/h，运行时间单位为 s）

| 项目 | 有功输出 | 项目 | 有功输出 | 项目 | 有功输出 |
|---|---|---|---|---|---|
| $P_1$ | 464.1060 | $P_{20}$ | 1191.9413 | $P_{39}$ | 1238.3642 |
| $P_2$ | 30.0111 | $P_{21}$ | 600.0000 | $P_{40}$ | 241.7455 |
| $P_3$ | 158.9477 | $P_{22}$ | 1927.5783 | $P_{41}$ | 396.0250 |
| $P_4$ | 20.5789 | $P_{23}$ | 479.9002 | $P_{42}$ | 373.7095 |
| $P_5$ | 25.0000 | $P_{24}$ | 302.8914 | $P_{43}$ | 188.8349 |
| $P_6$ | 1551.2870 | $P_{25}$ | 20.5789 | $P_{44}$ | 487.1919 |
| $P_7$ | 278.3228 | $P_{26}$ | 526.3353 | $P_{45}$ | 556.6738 |
| $P_8$ | 269.7550 | $P_{27}$ | 229.4327 | $P_{46}$ | 20.7548 |
| $P_9$ | 751.8381 | $P_{28}$ | 332.9978 | $P_{47}$ | 846.4540 |
| $P_{10}$ | 91.8085 | $P_{29}$ | 372.9751 | $P_{48}$ | 15.0789 |
| $P_{11}$ | 180.9106 | $P_{30}$ | 296.8753 | $P_{49}$ | 159.1250 |
| $P_{12}$ | 25.5789 | $P_{31}$ | 686.1086 | $P_{50}$ | 477.5703 |
| $P_{13}$ | 446.9643 | $P_{32}$ | 225.3648 | $P_{51}$ | 398.7751 |
| $P_{14}$ | 154.7756 | $P_{33}$ | 610.4855 | $P_{52}$ | 90.0360 |
| $P_{15}$ | 225.7937 | $P_{34}$ | 540.4389 | $P_{53}$ | 1106.0333 |
| $P_{16}$ | 222.9625 | $P_{35}$ | 142.9897 | $P_{54}$ | 715.8791 |
| $P_{17}$ | 131.0865 | $P_{36}$ | 94.6735 | $P_{55}$ | 620.7908 |
| $P_{18}$ | 188.8311 | $P_{37}$ | 478.8570 | $P_{56}$ | 21.4258 |
| $P_{19}$ | 1134.5317 | $P_{38}$ | 641.1964 | $P_{57}$ | 21.2532 |
| $\sum P_i$ | 24030.43 | 线路损耗 | 504.58 | | |
| 发电成本 | 62897.2 | 污染气体排放量 | 11.6701 | 运行时间 | 265.118 |

表 4-23　算例分析 3 的污染气体排放量最优解（功率和线路损耗单位为 MW，发电成本单位为美元/h，污染气体排放量单位为 t/h，运行时间单位为 s）

| 项目 | 有功输出 | 项目 | 有功输出 | 项目 | 有功输出 |
|------|----------|------|----------|------|----------|
| $P_1$ | 440.1843 | $P_{20}$ | 1238.5322 | $P_{39}$ | 1097.3666 |
| $P_2$ | 30.4980 | $P_{21}$ | 577.9914 | $P_{40}$ | 251.6531 |
| $P_3$ | 115.0420 | $P_{22}$ | 1968.6719 | $P_{41}$ | 407.5548 |
| $P_4$ | 20.0000 | $P_{23}$ | 592.6413 | $P_{42}$ | 383.1900 |
| $P_5$ | 27.0272 | $P_{24}$ | 322.5295 | $P_{43}$ | 191.9195 |
| $P_6$ | 600.6554 | $P_{25}$ | 109.2913 | $P_{44}$ | 592.7593 |
| $P_7$ | 274.5312 | $P_{26}$ | 599.3657 | $P_{45}$ | 581.4626 |
| $P_8$ | 309.5829 | $P_{27}$ | 247.0924 | $P_{46}$ | 13.7000 |
| $P_9$ | 774.1955 | $P_{28}$ | 332.6852 | $P_{47}$ | 1658.7119 |
| $P_{10}$ | 69.1177 | $P_{29}$ | 413.3995 | $P_{48}$ | 23.5977 |
| $P_{11}$ | 206.8483 | $P_{30}$ | 332.1506 | $P_{49}$ | 186.9400 |
| $P_{12}$ | 93.1053 | $P_{31}$ | 665.4951 | $P_{50}$ | 435.6961 |
| $P_{13}$ | 480.2329 | $P_{32}$ | 258.2336 | $P_{51}$ | 440.7719 |
| $P_{14}$ | 220.6048 | $P_{33}$ | 581.4698 | $P_{52}$ | 127.4313 |
| $P_{15}$ | 188.7268 | $P_{34}$ | 695.8082 | $P_{53}$ | 1075.0831 |
| $P_{16}$ | 255.8392 | $P_{35}$ | 192.2545 | $P_{54}$ | 718.6377 |
| $P_{17}$ | 98.1057 | $P_{36}$ | 95.9989 | $P_{55}$ | 615.7556 |
| $P_{18}$ | 226.5371 | $P_{37}$ | 589.8898 | $P_{56}$ | 62.5584 |
| $P_{19}$ | 967.8302 | $P_{38}$ | 724.0515 | $P_{57}$ | 24.1172 |
| $\sum P_i$ | 24825.12 | 线路损耗 | 1299.27 | | |
| 发电成本 | 66317.4 | 污染气体排放量 | 11.5385 | 运行时间 | 266.581 |

表 4-24　算例分析 3 的 10 次运行结果统计（发电成本单位为美元/h，污染气体排放量单位为 t/h）

| 算法 | 类别 | 最大值 | 最小值 | 平均值 |
|------|------|--------|--------|--------|
| MHBA | 发电成本 | 63411.2 | 62897.2 | 63149.5 |
| | 污染气体排放量 | 11.5632 | 11.5385 | 11.5529 |

以上三组算例分析，充分展现了 MHBA 在处理大规模电力系统经济/排放调度问题时的有效性和先进性。相比其他参与比较的算法，几乎在所有算例分析中都获得了最优的调度结果，不仅如此，在计算性能方面，MHBA 也大幅领先于其他算法。这主要得益于 MHBA 优异的寻优能力和个体学习能力。

　　本章针对大规模电力系统经济/排放调度问题，综合考虑阀点效应、禁止操作区域和爬坡等实际约束，给出了经济/排放调度多目标优化模型。为了更精确地计算线路损耗，模型引入了潮流计算方法，使得模型更符合实际运行情况。为解决大规模电力系统的优化问题，本章提出使用 MHBA 来求解，并给出了求解流程以及 MHBA 中的参数调节方法。为了避免惩罚系数造成的不良影响，本章提出了一种新的等式约束处理方法。在满足发电机最大/最小出力约束的条件下，它将等式约束中的差值逐个分配到各发电机中，直到差值分配完毕。

　　为了验证所提方法的有效性和先进性，本章利用该方法对 IEEE 30-bus 系统、IEEE 118-bus 系统和 IEEE 300-bus 系统进行经济/排放调度问题求解。仿真结果表明，本章所提方法在最优调度结果和运行时间上都远优于其他参与比较的方法。特别是在 IEEE 118-bus 系统以及 IEEE 300-bus 系统中，本章所提方法充分展示了其对高维度系统的适应能力。

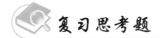

　　1. 试述完全学习策略的核心思想。

　　2. 多目标优化算法的衡量指标还有哪些？

　　3. MHBA 中的潮流约束如何实现？

　　4. 如何利用平衡节点进行等式约束处理？

　　5. 在算例分析 3 中，发电机数量有 57 个，如果有更多的发电机参与调度，本方法是否合适？

　　6. 如果将经济/排放调度扩展到 3 个目标，应如何实现？试找出第 3 个合适的目标函数。

　　7. 请阐述本章所提问题中，两个目标为什么满足帕累托支配关系？

　　8. 试阐述本章所提拥挤排序方案的优点。

　　9. 多目标优化算法中的收敛性和多样性还可以依靠什么方案提升？

　　10. 在现实的工业生产中，还存在什么约束条件？

# 第5章

# 含电动汽车V2G/G2V功能
# 的动态经济/排放调度研究

随着大量的电动汽车引入市场，电动汽车的随机充电行为必然会导致电网增加新的用电峰谷差。因此，本章主要研究含电动汽车削峰填谷功能的电力系统动态经济调度问题，并建立系统的数学模型，给出考虑电动汽车 V2G（电动汽车给电网送电，Vehicle to Grid）和 G2V（电网给电动汽车充电，Grid to Vehicle）时的动态经济调度策略。在此基础上，本章进一步分析了不同程度的 V2G 和 G2V 负荷对动态经济调度的影响。

## 5.1　电动汽车调度对电网的冲击

作为未来新型电力系统不可或缺的一部分，电动汽车已经赢得了科研人员和市场的足够关注。在电力系统调度领域，电动汽车更是被作为应对能源危机和环境问题的有力措施。针对电动汽车，许多国家已经制定了相应的政策和规划。但是，随着电动汽车规模的日益增大，电动汽车的随机充电行为将进一步加剧电网的峰谷负荷差，从而导致额外的负荷需求。因此，需要制定相应的政策来有序调度电动汽车的充电行为。V2G 将是未来电网削峰填谷和提供负荷服务的有效方式，针对基于电动汽车的削峰填谷策略，研究重点可以被放在最小化负荷与可获得的 V2G 能量上。同时，基于V2G 的调峰策略也需要兼顾电厂的经济性和污染气体排放量。

目前，对于含电动汽车削峰填谷功能的电力系统动态经济调度问题的研究较少，特别是研究不同程度的 V2G/G2V 负荷对电力系统动态经济调度问题影响的研究非常少。在经济/排放调度问题中，通过纳入电动汽车和可再生能源，可从最大化经济利益的角度出发进行综合研究，但由于电动汽车充放电存在波动性，需要分别分析电动汽车的不同应用场景对动态经济/排放调度的影响。最优化控制策略可以用来调度电动汽车，以达到最小化碳排放的目的，在用电高峰期，V2G 可以有效减少碳排放。但是，当前的研究基本上没有考虑动态经济/排放调度时的削峰填谷问题，这降低了电动汽车参与调度的可操作性。

总之，大量电动汽车的集成将给电网带来诸多挑战，例如电动汽车充电期间会显著增加电网负荷，给电网带来巨大冲击，从而增加电网调度的难度。然而，电动汽车也可以通过 V2G 为电网调度提供辅助。V2G 通过电力部门或管理者来控制电动汽车将电能反馈给电网，要实现这一点，在电动汽车与电网之间除了要有充/放电装置外，还必须配备相互之间的通信设施，从而实现电动汽车与电网之间的双向能量交换。

电动汽车与电网之间的功率流如图 5-1 所示。G2V 功率流从电网经充电桩至电动汽车，V2G 功率流则相反，从电动汽车经充电桩至电网。利用 V2G 可以为电网的有功功率、无功功率提供支撑，也可以实现功率因数的改善和可再生能源的更好利用。如何通过 G2V/V2G 来实现削峰填谷，进而为电网提供有功功率支撑正是本章要研究的重点，其实现机理是在用电低谷期对电动汽车充电，并在用电高峰期通过 V2G 进行放电，反馈电能给电网。而无功功率支撑则体现在电压控制上，这一功能可以通过用充电桩连接的合适数量的电动汽车（即电池）以及适当的控制切换方法来实现。功率因数的控制则有利于减少电网的线路损耗。此外，V2G 和 G2V 的灵活性还可以为可再生能源（如风能、太阳能）提供能量缓冲，从而解决可再生能源的间歇性给电网带来的冲击。

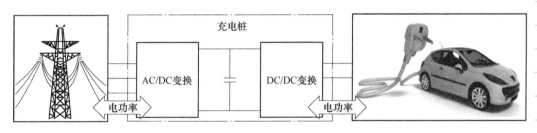

图 5-1　电动汽车与电网之间的功率流

当然，V2G/G2V 的实现也面临许多挑战，其中之一就是由于经常充/放电而导致的电池加速老化，与此同时，由于 V2G/G2V 需要双向电池充放电装置，所以需要额外的投资。另外一个严峻挑战来自于社会层面。出于安全考虑，电动汽车所有者一般需要较高的电池荷电状态（State-of-Charge，SOC）水平，以防不时之需（即所谓的里程焦虑问题），这可能导致车主不愿意加入 V2G。此外，由于电动汽车的规模急剧扩张，其内在的非线性特性也被耦合到电力系统的调度服务当中，这给调度工作带来了极大的挑战，对智能化的调度策略的需求已经迫在眉睫。目前，有学者集成可再生能源，研究了基于 PSO 的经济/排放调度问题，并探究了电动汽车的充放电对经济调度的影响。智能化的调度策略也可以辅助实现使用电动汽车填谷。就经济型而言，电动汽车的负荷预测以及最优化的充电成本必须被考虑，自回归差分移动平均（Autoregressive Integrated Moving Average，ARIMA）模型和博弈论方法为该问题提供了解决思路。

本章主要研究使用电动汽车 V2G/G2V 对电网实施削峰填谷时的动态经济/排放调度问题，在已有经济/排放调度目标函数的基础上，针对发电成本，不仅考虑了电动汽车的电池老化成本及相关约束，还考虑了部分车主参与 V2G 的意愿，其主要贡献点如下：

1）提出了一种新的含电动汽车的动态经济/排放调度模型。在传统模型的基础上，新提出的模型不仅考虑了电动汽车的电池老化成本，而且引入了潮流计算，用于生成线路损耗。

2）基于上述模型，研究了含电动汽车削峰填谷时的动态经济/排放调度问题，并进一步研究了削峰填谷时不同 V2G/G2V 负荷对动态经济/排放调度的影响。

## 5.2 含电动汽车的动态经济/排放调度数学模型

本节给出了含电动汽车的动态经济/排放调度的目标函数和相关约束，考虑了电动汽车在调度中的成本。

### 5.2.1 目标函数

#### 1. 目标函数 1：发电总成本

4.4.1 节给出的经济/排放调度的目标函数，仅针对单一时间段的发电成本和污染气体排放量。在动态经济/排放调度研究中，往往包含多个时间段的发电成本和污染气体排放量。因此，总发电成本 $f_{cost}$ 可以使用式（2-15）描述。

电动汽车在参与 V2G 过程中造成的电池老化成本可以描述为

$$C_{bat} = \sum_{j=1}^{V} \left( c_{bat,j} E_{bat,j} + c_L \right) E_{V2G,j} / \left( L_c E_{bat,j} DOD \right) \tag{5-1}$$

式中，$V$ 为参与 V2G 的电动汽车的数量；$c_{bat,j}$ 为第 $j$ 个电动汽车中电池每千瓦时（$1kW \cdot h = 3.6 \times 10^6 J$）的成本；$E_{bat,j}$ 为第 $j$ 个电动汽车中的电池容量；$c_L$ 为更换电池需要的劳动力成本；$E_{V2G,j}$ 为第 $j$ 个电动汽车参与 V2G 时的放电能量；DOD 为电池的放电深度（Depth of Discharge）；$L_c$ 为电池在某一 DOD 下的生命周期。

考虑到参与 V2G/G2V 时的电池老化成本，则总成本即为发电成本与电池老化成本之和，即

$$f_{total} = f_{cost} + C_{bat} \tag{5-2}$$

#### 2. 目标函数 2：污染气体排放量

污染气体排放量和发电机有功输出直接相关，在动态经济/排放调度中，化石燃料生成的污染气体主要包括 $NO_x$、$SO_x$ 等，总污染气体排放量 $f_{emission}$ 可用式（2-21）描述。

### 5.2.2 约束条件

此处的约束条件有一部分与第 2 章一致，为了方便介绍，这里也一并列出。

1）发电机输出功率约束：见式（2-16）。

2）功率平衡约束：相较于式（2-17），由于考虑了电动汽车的充放电过程，需要

保证充放电状态下的功率平衡，则 $t$ 时刻有功功率平衡可以描述为

$$\sum_{i=1}^{N_g} P_{i,t} + P_{\text{disch},t} = P_{d,t} + P_{\text{loss},t} + P_{\text{ch},t} \tag{5-3}$$

式中，$P_{\text{disch},t}$ 和 $P_{\text{ch},t}$ 分别为 $t$ 时刻电动汽车的放电负荷与充电负荷（同一时刻只能选择充电或放电一种模式）；$P_{d,t}$ 和 $P_{\text{loss},t}$ 分别为 $t$ 时刻的系统有功负荷与线路损耗。

3）系统潮流约束：见式（2-18）和式（2-19）。

4）爬坡约束：见式（2-20）。

5）电池存储容量约束：在实际运行中，出于保护电池的目的，SOC 应当限制在一定范围内，即

$$SOC_{\min} \leq SOC_{i,t} \leq SOC_{\max} \tag{5-4}$$

式中，$SOC_{i,t}$ 为第 $i$ 个电动汽车在 $t$ 时刻的荷电状态；$SOC_{\min}$ 和 $SOC_{\max}$ 分别为允许的最小和最大荷电状态。

6）充/放电功率约束：电动汽车的充/放电功率不应超过其最大限定值，即

$$\begin{cases} P_{\text{ch},i,t} \leq P_{\text{ch},i}^{\max} \\ P_{\text{disch},i,t} \leq P_{\text{disch},i}^{\max} \end{cases} \tag{5-5}$$

式中，$P_{\text{ch},i,t}$ 和 $P_{\text{disch},i,t}$ 分别为第 $i$ 个电动汽车在 $t$ 时刻的充电功率和放电功率；$P_{\text{ch},i}^{\max}$ 和 $P_{\text{disch},i}^{\max}$ 分别为第 $i$ 个电动汽车允许的最大充电功率和最大放电功率。

7）电动汽车功率平衡约束：考虑驾驶以及充/放电过程时，电动汽车功率平衡约束表述为

$$SOC_{i,t} = SOC_{i,t-1} + \left( \eta_c P_{\text{ch},i,t} - \frac{P_{\text{disch},i,t}}{\eta_d} - P_{\text{trav},i,t} \right) / P_{\text{nc},i} \tag{5-6}$$

式中，$\eta_c$ 和 $\eta_d$ 为从电网侧看的充电和放电效率；$P_{\text{trav},i,t}$ 为第 $i$ 个电动汽车在 $t$ 时刻的驾驶所需能量；$P_{\text{nc},i}$ 为第 $i$ 个电动汽车电池的额定容量。

## 5.3　使用电动汽车进行削峰填谷的策略研究

本节主要给出使用电动汽车进行削峰填谷的策略和考虑电动汽车削峰填谷时的动态经济/排放调度求解过程。图 5-2 所示为使用 V2G/G2V 进行削峰填谷的示意图。

通常情况下，动态经济/排放调度的结果受发电机、负荷需求和电网架构的影响。从总发电成本 $f_{\text{cost}}$ 及总污染气体排放量 $f_{\text{emission}}$ 的描述可见，有功功率 $P_{i,t}$ 直接决定了发电成本和污染气体排放量，而 $P_{i,t}$ 又受发电机输出功率约束、功率平衡约束、系统潮流约束和爬坡约束的限制。此外，负荷大小也直接影响发电机出力大小。虽然大量电动汽车渗透到电网中将提高电网的用电峰谷差，但如果使用恰当的电动汽车调度方法，将会从根本上改变这种情况。本节分别使用 V2G 和 G2V 来应对削峰和填谷问题，不仅可以有效抵御电动汽车对电网的冲击，而且有益于电网调度。当用电负荷处于波

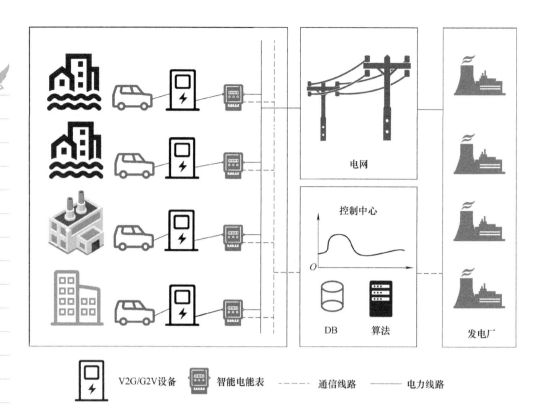

图 5-2 使用 V2G/G2V 进行削峰填谷的示意图

峰时段时,电动汽车可通过 V2G 方式释放能量给电网,起到调峰作用;当用电负荷处于波谷阶段时,电网可给电动汽车充电,平抑波谷。在 V2G/G2V 过程中,如果考虑电池老化的问题,总发电成本 $f_{cost}$ 即变为式(5-2)中描述的总成本 $f_{total}$,同时,相应的约束条件,即式(5-4)~式(5-6)也应该包括进来,所研究的问题可以描述为

$$\begin{cases} \text{minimize } (f_{total}, f_{emission})^T \\ \text{subject to 式(5-4) ~ 式(5-6)} \end{cases} \tag{5-7}$$

这是典型的多目标优化问题,这里同样使用 MHBA 来求解。

### 5.3.1 电动汽车调度策略

假设所有电动汽车都配备 G2V/V2G 装置,一旦驾驶结束,参与 V2G 的电动汽车都会立即连接到装置上。控制中心能通过该装置与电动汽车实时通信,以便及时掌握当前车辆的 SOC 状态和车主参与 V2G 的意愿。此外,还假定如下规则成立:

1)考虑实际用车情况,控制中心至少可以调度 80% 的电动汽车。

2)每辆车每天能放电多次,且只充电一次。

3)所有车辆的充放电都由控制中心决定。

4)所有参与 V2G 的车主都能从削峰填谷操作中获得收益。

下面结合图 5-2 说明调度策略。当用电高峰期到来时,控制中心首先计算每个高峰时段的负荷，然后通过数据库获取参与 V2G 车辆的 SOC 状态。在保证驾驶需求和保留最小 SOC 的前提下，电动汽车的剩余能量将参与调峰调度。调度所需的电动汽车数量将由控制中心根据参与 V2G 车辆的 SOC 状态决定。如图 5-2 所示，控制中心的数据库服务器存储了所有车主的信息，并且为每辆车都配备唯一的 ID，因此，系统管理员能根据实际情况来决定谁可以参加 V2G。这一过程一直持续到本调度时段的削峰负荷得以满足为止（假定参与 V2G 的负荷足以平衡削峰负荷）。

被电动汽车替代的削峰负荷将转移到波谷，并体现为电动汽车的充电负荷。因此，总的充电负荷等于被转移的负荷加电动汽车行驶时消耗的能量。为了合理分配充电负荷，避免出现充电高峰，这里采用注水（Water-Filling）算法来分配电动汽车的充电负荷。该算法考虑了充电约束、总的 G2V 负荷以及充电时间，尽量保证在填谷期间的功率平滑性。这一过程结束后，将得到一组新的 24h 负荷数据以供调度。依据上述负荷数据，这里依然使用 MHBA 来实现动态经济/排放调度问题的求解，求解结果将送至发电厂实施。

## 5.3.2　考虑电动汽车削峰填谷时的动态经济/排放调度求解

使用电动汽车削峰填谷的重点在于规划电动汽车的充/放电，以实现将高峰期的负荷转移到低谷期的目标。图 5-3 所示为基于 V2G/G2V 的峰-谷负荷平移过程。

1）负荷平移之前，应先确定电动汽车电池相关参数，并且参与 V2G 的车主要提前规划好自己的行程，以便预留足够的电能。

2）由于各种原因，不可能所有车主都愿意参与 V2G，因此车主应事先通过系统来设置是否参与 V2G。同时，系统管理员会通过管理平台和历史数据来预测未来一天中各调度时段的负荷。由于电动汽车的充电将由控制中心统一调配，所以该负荷不包括电动汽车的充电负荷。

3）根据预测负荷，系统管理员应确定需要调峰的时段（包括波峰和波谷）以及各调峰时段需要的调峰负荷。

4）进入调峰工作后。系统管理员随机从系统中调取参与 V2G 的电动汽车，系统中已经记录了车主的驾驶需求和车辆情况等信息。然后通过软件随机调取参与第一个调峰时段的电动汽车，直到满足该时段的调峰负荷为止。依此类

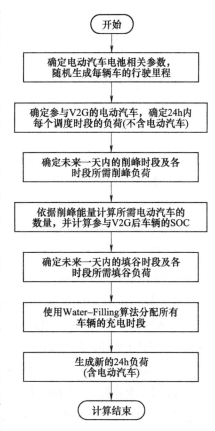

图 5-3　基于 V2G/G2V 的峰-谷负荷平移过程

推，依次进行其他调峰时段的调峰任务，直到所有的调峰时段都被设置完成。

5）执行填谷任务时，即对电动汽车进行充电。此时不能让电动汽车随机充电，否则会形成新的用电波峰。这里采用 Water-Filling 算法来最大程度地平滑充电负荷。

6）上述步骤完成后，将得到削峰填谷后新的负荷数据，该数据再加上电动汽车调度后的负荷，即为新的 24h 负荷，可供算法进行优化处理。

在日前调度数据综合考虑含电动汽车的负荷后，即可将新生成的负荷数据送入 MHBA 中求解。

## 5.4 仿真与分析

本节通过实验仿真说明电动汽车削峰填谷对动态经济/排放调度的影响。首先，为了验证 MHBA 处理动态经济/排放调度的有效性，算例分析 1 使用了一个含 10 台发电机的系统。后续算例分析使用 IEEE 30-bus 系统来研究电动汽车削峰填谷对动态经济/排放调度的影响。本节共有 4 个算例分析，其中算例分析 1、2 和 3 没有考虑电池老化成本，算例分析 4 则同时考虑了发电成本和电池老化成本。所有仿真都在 PC 上完成，PC 的配置为 Intel Core i7 处理器，配备 8GB RAM。日前调度共考虑 24 个调度区间，即每小时为一个调度区间。MHBA 的种群数量为 40，CLS 中的学习概率为 0.1，随机黑洞模型中的有效作用半径 $r_d$ 设为 0.01，阈值 $p$ 设为 0.5，其他设置与第 4 章一致。

所需电动汽车数量使用如下方法评估：首先分析系统负荷情况，算例分析 2、3 和 4 使用的负荷数据（不含电动汽车充电）见表 5-1，为了适用于 IEEE 30-bus 系统，表 5-1 中的数据按比例进行了缩小。可以看出，该负荷数据有两个用电高峰期，一个位于 11 时和 12 时，另一个位于 20 时和 21 时。在第一个用电高峰期，如果选择 10 时的负荷值作为削峰基准值，那么削峰负荷为 $[(P_{d,11} - P_{d,10}) + (P_{d,12} - P_{d,10})]$，也就是 67MW。与之类似，如果选择 19 时的负荷作为第二个削峰基准值，则其削峰负荷为 110MW。假设每辆电动汽车每天的行驶距离为 40km，依据算例分析 2 中的电动汽车参数，每辆车由于行驶而消耗的 SOC 为 0.25。那么，对每辆电动汽车来说，系统管理员能调度的 SOC 为 $(SOC_{max} - SOC_{min} - 0.25)$，也就是 0.45。如果每辆车参与 V2G 的持续时间为 1h，则其消耗的电池 SOC 约为 0.3，小于 0.45，这意味着存储在电动汽车电池中的可调度能量足够参与 1h 的 V2G。假设每辆车每天参与 V2G 的时间为 1h（时间要求连续，不可中断），以较大的第二个削峰负荷为例，其需要的电动汽车数量约为 16667（110×1000/6.6）辆。本章所有含电动汽车的仿真，其数量为 40000 辆，因此足够提供参与 V2G 所需的能量。

表 5-1　不含电动汽车充电的负荷数据（单位为 MW）

| 时间 | $P_d$ | 时间 | $P_d$ | 时间 | $P_d$ | 时间 | $P_d$ |
|---|---|---|---|---|---|---|---|
| 1：00 | 328 | 7：00 | 539 | 13：00 | 656 | 19：00 | 562 |
| 2：00 | 351 | 8：00 | 562 | 14：00 | 609 | 20：00 | 625 |
| 3：00 | 399 | 9：00 | 609 | 15：00 | 562 | 21：00 | 609 |
| 4：00 | 445 | 10：00 | 640 | 16：00 | 492 | 22：00 | 515 |
| 5：00 | 469 | 11：00 | 666 | 17：00 | 469 | 23：00 | 421 |
| 6：00 | 515 | 12：00 | 681 | 18：00 | 515 | 24：00 | 375 |

## 5.4.1　算例分析 1

算例分析 1 的目的在于验证 MHBA 求解动态经济/排放调度时的先进性，因此这里没有包含电动汽车，且优化目标为最小化总发电成本 $f_{cost}$ 和最小化总污染气体排放量 $f_{emission}$。为公平地比较算法性能，这里使用 B 系数法来计算线路损耗。日前调度考虑 24 个调度区间，每个调度区间为 1h，仿真结果见表 5-2。

表 5-2　算例分析 1 中一个调度周期的发电成本（单位为美元）

和污染气体排放量（单位为 t）

| 时间 | 发电成本 | 污染气体排放量 | 时间 | 发电成本 | 污染气体排放量 |
|---|---|---|---|---|---|
| 1：00 | $6.1259×10^4$ | $4.3197×10^{-2}$ | 14：00 | $1.2391×10^5$ | $5.3885×10^{-1}$ |
| 2：00 | $6.5211×10^4$ | $4.7213×10^{-2}$ | 15：00 | $1.0722×10^5$ | $3.3273×10^{-1}$ |
| 3：00 | $7.2301×10^4$ | $6.6050×10^{-2}$ | 16：00 | $9.0160×10^4$ | $1.6490×10^{-1}$ |
| 4：00 | $8.0606×10^4$ | $9.6944×10^{-2}$ | 17：00 | $8.6322×10^4$ | $1.1779×10^{-1}$ |
| 5：00 | $8.4436×10^4$ | $1.3316×10^{-1}$ | 18：00 | $9.5622×10^4$ | $2.0802×10^{-1}$ |
| 6：00 | $9.5527×10^4$ | $2.1033×10^{-1}$ | 19：00 | $1.0701×10^5$ | $3.3905×10^{-1}$ |
| 7：00 | $1.0044×10^5$ | $2.9770×10^{-1}$ | 20：00 | $1.2908×10^5$ | $6.9190×10^{-1}$ |
| 8：00 | $1.0714×10^5$ | $3.3146×10^{-1}$ | 21：00 | $1.2368×10^5$ | $5.4208×10^{-1}$ |
| 9：00 | $1.2274×10^5$ | $5.8966×10^{-1}$ | 22：00 | $9.5611×10^4$ | $2.1094×10^{-1}$ |
| 10：00 | $1.3526×10^5$ | $9.3134×10^{-1}$ | 23：00 | $7.6441×10^4$ | $7.6632×10^{-2}$ |
| 11：00 | $1.4787×10^5$ | $1.7270×10^0$ | 24：00 | $6.8670×10^{-4}$ | $5.5547×10^{-2}$ |
| 12：00 | $1.5051×10^5$ | $4.3184×10^0$ | 总和 | $2.469×10^6$ | 13.447 |
| 13：00 | $1.4248×10^4$ | $1.3808×10^0$ | NSGA-Ⅱ结果 | $2.525×10^6$ | $1.4183×10^2$ |

从表 5-2 可见，24 个调度区间的总发电成本是 $2.469×10^6$ 美元/天，污染气体排放量为 13.447t/天。表 5-2 中的最后一行结果由 NSGA-Ⅱ 得到，可以看出，MHBA 生成的两个解都要显著优于 NSGA-Ⅱ 分别生成的解。这表明在动态经济/排放调度方面，MHBA 的性能要优于 NSGA-Ⅱ，这也说明 MHBA 非常适合求解动态经济/排放调度问题。

### 5.4.2 算例分析2

算例分析2研究使用电动汽车进行填谷时的动态经济/排放调度问题，重点研究用电波谷期电动汽车充电对动态经济/排放调度的影响，目的在于讨论使用 Water-Filling 算法进行 G2V 负荷分配的优势及其对调度结果的影响。为此，本算例分析进行两个实验，其一是 G2V 负荷服从正态分布，其二是 G2V 负荷使用 Water-Filling 算法分配，二者都针对波谷期间的负荷。

自本算例分析开始，使用标准 IEEE 30-bus 系统进行仿真，不考虑电池老化问题。每辆电动汽车的电池容量为 24kW·h。电动汽车的充/放电功率（$P_{ch}/P_{disch}$）都为 6.6kW，充电效率 $\eta_c$ 和放电效率 $\eta_d$ 均为 92%。为保护电池，最大 SOC($SOC_{max}$) 和最小 SOC($SOC_{min}$) 分别设置为 90% 和 20%。电动汽车每 100km 平均行驶能耗为 15kW，每天的平均行驶距离为 20~40km。

#### 1. 实验 2-1：G2V 负荷服从正态分布

本实验使用正态分布来描述电动汽车的随机充电行为。从图 5-4 所示的正态分布图可以看出，在（$\mu - 3\sigma$, $\mu + 3\sigma$）和（$\mu - 1.5\sigma$, $\mu + 1.5\sigma$）之间的概率分别为 99.74% 和 86.64%，这一统计特性符合人们回家时的情形。工作日几乎所有人都在 18时~22时之间回家，并且其中的绝大部分人回家都在 19时~21时。由于汽车所有者在 18时之前或 22时之后回家的概率较小，这里将 18时之前回家的车主归到第 17个调度区间，22时之后回家的车主归到第 22个调度区间。基于这种分配策略，不同调度时段（从 17时到 22时）回家的车主数（即电动汽车数）分别为 52、2620、17328、17328、2620 和 52（注：总的电动汽车数为 40000 辆）。为更符合实际情况，设所有电动汽车的行驶距离都随机生成，并且假定控制中心可以调度约 80% 的汽车。图 5-5所示为随机充电行为对应的随机 G2V 负荷，可以看出，G2V 负荷叠加后，在 20时和21时的用电峰值已经超过白天 12时的用电高峰值。表 5-3 给出了此种情况的每小时发电量、发电成本及污染气体排放量，其中，在第 20和第 21个调度区间的发电成本都大于第 12个调度区间的对应值，污染气体排放量也是如此。应当指出的是，由于负荷急剧增加，第 20个调度区间的污染气体排放量为 0.8018t，其值远大于第 12个调度区间的 0.4949t。

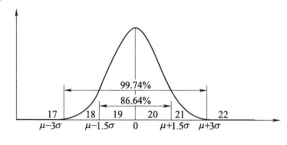

图 5-4　正态分布图

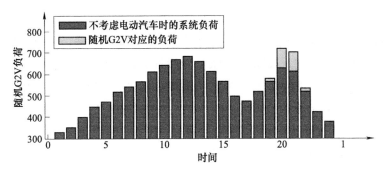

图 5-5　随机充电行为对应的随机 G2V 负荷

表 5-3　随机充电时的每小时发电量（单位为 MW）、发电成本（单位为美元）

及污染气体排放量（单位为 t）

| 时间 | $P_1$ | $P_2$ | $P_3$ | $P_4$ | $P_5$ | $P_6$ | 发电成本 | 污染气体排放量 |
|---|---|---|---|---|---|---|---|---|
| 1：00 | 30.4649 | 42.5473 | 67.7634 | 80.3910 | 62.8315 | 42.4071 | 717.736 | 0.2040 |
| 2：00 | 28.9012 | 45.2401 | 74.9138 | 80.7954 | 72.5898 | 51.9528 | 773.133 | 0.2067 |
| 3：00 | 43.4702 | 50.5534 | 83.5096 | 90.1076 | 77.8216 | 58.1728 | 894.775 | 0.2135 |
| 4：00 | 44.0541 | 54.2217 | 98.1067 | 100.411 | 90.4081 | 63.1754 | 1010.23 | 0.2307 |
| 5：00 | 44.4628 | 59.7704 | 101.258 | 112.544 | 90.3586 | 66.6728 | 1072.80 | 0.2427 |
| 6：00 | 53.6022 | 60.6569 | 108.037 | 118.724 | 107.832 | 73.5173 | 1200.45 | 0.2672 |
| 7：00 | 57.6815 | 67.2611 | 109.150 | 123.009 | 108.350 | 81.8502 | 1273.49 | 0.2782 |
| 8：00 | 60.2397 | 73.2072 | 113.839 | 137.172 | 106.874 | 79.7325 | 1338.94 | 0.2990 |
| 9：00 | 58.2614 | 75.9059 | 129.016 | 158.049 | 120.198 | 77.8632 | 1471.77 | 0.3760 |
| 10：00 | 64.6083 | 74.2115 | 131.855 | 168.358 | 124.966 | 87.7757 | 1569.78 | 0.4197 |
| 11：00 | 76.7573 | 77.7496 | 133.730 | 164.043 | 130.083 | 96.6429 | 1659.55 | 0.4464 |
| 12：00 | 72.8019 | 86.2351 | 136.766 | 172.238 | 134.911 | 91.5640 | 1705.26 | 0.4949 |
| 13：00 | 53.6824 | 73.8730 | 146.022 | 174.899 | 129.793 | 89.3653 | 1613.97 | 0.5359 |
| 14：00 | 55.4957 | 72.2105 | 131.107 | 152.306 | 121.205 | 86.8189 | 1471.45 | 0.3776 |
| 15：00 | 56.9535 | 64.3309 | 117.387 | 143.168 | 112.689 | 76.3801 | 1331.61 | 0.3124 |
| 16：00 | 53.3414 | 59.2316 | 103.980 | 116.650 | 97.1010 | 68.4573 | 1136.83 | 0.2525 |
| 17：00 | 46.4159 | 60.8309 | 95.7377 | 107.419 | 93.5709 | 71.3308 | 1076.99 | 0.2383 |
| 18：00 | 53.3290 | 64.6304 | 103.478 | 119.106 | 106.163 | 76.1919 | 1204.00 | 0.2639 |
| 19：00 | 63.8790 | 76.1690 | 116.258 | 134.554 | 110.913 | 83.4931 | 1382.75 | 0.3071 |
| 20：00 | 71.9150 | 75.3452 | 154.375 | 187.247 | 146.864 | 94.5072 | 1809.21 | 0.8018 |
| 21：00 | 68.1405 | 80.8767 | 147.774 | 180.678 | 145.297 | 91.0026 | 1757.70 | 0.6676 |
| 22：00 | 57.6918 | 67.6290 | 109.454 | 124.339 | 107.442 | 70.0147 | 1240.64 | 0.2751 |
| 23：00 | 41.3087 | 54.0931 | 87.5784 | 92.7077 | 87.2526 | 63.4098 | 951.360 | 0.2200 |
| 24：00 | 38.6305 | 51.0226 | 74.7345 | 84.8141 | 75.0823 | 55.0003 | 835.243 | 0.2079 |
| Σ | | | | | | | 30499.7 | 8.1391 |

**2. 实验 2-2：G2V 负荷使用 Water-Filling 算法分配**

实验 2-2 与实验 2-1 使用相同的系统负荷和 G2V 负荷数据，但是 G2V 负荷使用 Water-Filling 算法进行分配。该算法将 G2V 功率注入波谷中，就像往谷底注水，因而得名 Water-Filling 算法。图 5-6 所示为使用该算法生成的 G2V 负荷（如图 5-6 中柱条所示），为了更好地展示填谷的效果，图 5-6 在画图时起始于第 7 个调度时段，结束于第 6 个调度时段。比较图 5-6 与图 5-5 可以看出，图 5-6 中电动汽车的充电负荷被转移到了波谷中。表 5-4 给出了此种情况下使用 MHBA 得到的每小时发电量、发电成本及污染气体排放。

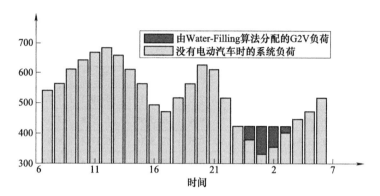

图 5-6　使用 Water-Filling 算法生成的 G2V 负荷

表 5-4　Water-Filling 算法分配 G2V 负荷时的每小时发电量（单位为 MW）、
发电成本（单位为美元）及污染气体排放量（单位为 t）

| 时间 | $P_1$ | $P_2$ | $P_3$ | $P_4$ | $P_5$ | $P_6$ | 发电成本 | 污染气体排放量 |
|---|---|---|---|---|---|---|---|---|
| 1：00 | 40.4229 | 52.6720 | 90.0123 | 99.4685 | 83.0933 | 59.6156 | 944.898 | 0.2228 |
| 2：00 | 42.4912 | 51.1336 | 87.2613 | 91.3950 | 90.1702 | 62.8992 | 948.896 | 0.2200 |
| 3：00 | 40.4789 | 53.6339 | 91.4478 | 98.4555 | 81.1258 | 60.0822 | 945.560 | 0.2223 |
| 4：00 | 46.1635 | 57.8199 | 90.5694 | 103.313 | 90.2586 | 62.5986 | 1011.81 | 0.2292 |
| 5：00 | 50.0103 | 59.9368 | 102.583 | 101.556 | 88.5218 | 72.3976 | 1079.92 | 0.2368 |
| 6：00 | 54.0524 | 60.9039 | 108.913 | 121.363 | 105.492 | 71.6201 | 1199.54 | 0.2679 |
| 7：00 | 53.1665 | 68.4601 | 113.620 | 127.051 | 107.416 | 77.3030 | 1268.80 | 0.2839 |
| 8：00 | 58.6135 | 60.7465 | 121.578 | 144.057 | 111.367 | 74.3418 | 1330.37 | 0.3182 |
| 9：00 | 67.9455 | 70.5874 | 119.903 | 152.901 | 117.483 | 91.2174 | 1480.94 | 0.3493 |
| 10：00 | 64.0413 | 71.1753 | 139.841 | 164.245 | 132.572 | 79.2668 | 1563.35 | 0.4699 |
| 11：00 | 70.1325 | 84.1277 | 135.526 | 171.013 | 130.546 | 87.4436 | 1655.25 | 0.4636 |
| 12：00 | 65.1689 | 82.5269 | 135.666 | 178.574 | 135.138 | 97.6384 | 1704.14 | 0.5036 |
| 13：00 | 71.9331 | 83.0349 | 135.074 | 172.253 | 122.261 | 83.8155 | 1625.13 | 0.4402 |
| 14：00 | 64.2064 | 67.5369 | 124.196 | 150.492 | 124.254 | 88.9780 | 1475.35 | 0.3632 |
| 15：00 | 60.8743 | 71.6365 | 115.980 | 132.723 | 112.475 | 77.1757 | 1337.21 | 0.3010 |

（续）

| 时间 | $P_1$ | $P_2$ | $P_3$ | $P_4$ | $P_5$ | $P_6$ | 发电成本 | 污染气体排放量 |
|---|---|---|---|---|---|---|---|---|
| 16：00 | 58.0952 | 64.4760 | 100.379 | 111.007 | 96.0892 | 68.8797 | 1143.12 | 0.2470 |
| 17：00 | 50.5989 | 62.2481 | 97.592 | 101.532 | 93.8873 | 69.3234 | 1080.11 | 0.2358 |
| 18：00 | 55.2583 | 70.1504 | 105.857 | 115.187 | 101.616 | 74.3901 | 1206.63 | 0.2605 |
| 19：00 | 53.4300 | 66.4003 | 118.685 | 137.467 | 115.584 | 79.1726 | 1331.67 | 0.3119 |
| 20：00 | 51.3002 | 69.7377 | 136.831 | 162.986 | 130.247 | 84.5217 | 1515.96 | 0.4404 |
| 21：00 | 61.9901 | 78.2927 | 122.652 | 150.522 | 117.043 | 89.2042 | 1479.67 | 0.3504 |
| 22：00 | 57.9226 | 67.4138 | 105.204 | 116.912 | 100.956 | 74.1299 | 1206.25 | 0.2605 |
| 23：00 | 42.7471 | 50.3832 | 87.2356 | 102.131 | 84.2380 | 59.4327 | 946.469 | 0.2235 |
| 24：00 | 42.6102 | 54.1302 | 88.6904 | 96.1874 | 81.4324 | 62.2863 | 947.867 | 0.2202 |
| $\Sigma$ | | | | | | | 30428.9 | 7.4421 |

**3. 比较与分析**

图 5-5 与图 5-6 分别使用了两种完全不同的 G2V 负荷分配方式，生成的结果也显著不同。在图 5-5 中，由于电动汽车的随机充电行为，在第 20 个调度区间内生成了一个比白天峰值更高的用电高峰期。但是，在图 5-6 中，由于使用 Water-Filling 算法实施了填谷策略，图 5-5 中的第二个用电高峰期被转移到了夜间的波谷期。两者的负荷总量完全相同，但是调度结果却完全不同。在表 5-4 中，第 20、第 21 个调度区间的发电成本和污染气体排放量都要比表 5-3 中相应调度区间的值要小。而在填谷期间，即第 24、第 1、第 2、第 3 这四个调度区间，实验 2-2 中的发电成本和污染气体排放量都要比实验 2-1 中相对应的值大。这两个实验的总发电成本分别为 30499.7 美元/天和 30428.9 美元/天，总的污染气体排放量分别为 8.1391t/天和 7.4431t/天。可以看出，填谷方式更有利于系统的动态经济/排放调度。

## 5.4.3　算例分析 3

本算例分析主要完成以下目标：

1）给出使用电动汽车削峰填谷时的最优化动态经济/排放调度结果。

2）揭示使用电动汽车削峰填谷对动态经济/排放调度的影响。

与算例分析 2 一样，这里也不考虑电池老化问题。本算例分析不仅考虑 G2V，而且还使用了 V2G，即使用电动汽车进行削峰填谷。本算例分析仿真对象和所有参数都与算例分析 2 一致。从图 5-6 可见，不考虑电动汽车时，一天内的系统负荷包含两个用电高峰，为将用电高峰期负荷转移至用电低谷期，这里进行两次不同 V2G 负荷的实验。其一是削峰负荷只考虑第一个用电高峰期，也就是第 11、第 12 个调度区间。其二是同时考虑两个用电高峰期，也就是第 11、第 12 个调度区间和第 20、第 21 个调度区间。这里仍然使用 Water-Filling 算法进行 G2V 负荷分配。

**1. 实验 3-1：只考虑第一个用电高峰**

本实验仅考虑针对第一个用电高峰进行削峰处理，并给出最优化动态经济/排放调度结果。选择以第 10 个调度区间的负荷作为基准点，则第 11、第 12 个调度区间的负荷为 640WM，因此需要的调峰负荷分别为 26MW 和 41MW。本实验中电动汽车的充/放电功率均为 6.6kW，电动汽车的总量为 40000 辆。下面预估电动汽车能够提供的总功率。假定所有电动汽车按最长里程行驶，那么每辆车可以调动的 SOC 为 0.45，这意味着每辆车可以提供 10.8kW 的功率。按照之前的假设，考虑 80% 的电动汽车参与 V2G，则总共可获取的电动汽车 V2G 功率约为 345.6MW，远大于 26MW 和 41MW 的调峰负荷。在每一个调度区间，也就是 1h 内，参与 V2G 的电动汽车可提供的最大功率约为 211.1MW，也远大于调峰负荷。因此，使用电动汽车进行调峰完全可行。

这里依然使用 Water-Filling 算法进行填谷，填谷功率为转移负荷和电动汽车行驶消耗的能量之和。图 5-7 所示为削峰填谷后的负荷分配结果，其中浅灰色代表削峰负荷，黑色代表没有电动汽车的系统负荷减去削峰负荷后的大小，深灰色代表由 Water-Filling 算法分配的 G2V 负荷。表 5-5 给出了使用 MHBA 算法得到的本例最优化动态经济/排放调度结果。

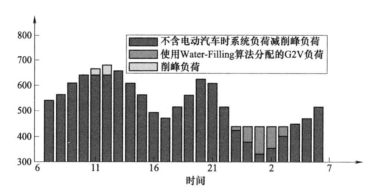

图 5-7　实验 3-1 中使用 Water-Filling 算法生成的负荷分配结果

表 5-5　实验 3-1 生成的每小时发电量（单位为 MW）、发电成本（单位为美元）
及污染气体排放量（单位为 t）

| 时间 | $P_1$ | $P_2$ | $P_3$ | $P_4$ | $P_5$ | $P_6$ | 发电成本 | 污染气体排放量 |
|---|---|---|---|---|---|---|---|---|
| 1：00 | 45.0027 | 57.9969 | 91.0984 | 95.3732 | 85.7819 | 66.4230 | 992.335 | 0.2234 |
| 2：00 | 44.4810 | 55.5829 | 92.5880 | 97.6977 | 89.2387 | 62.0049 | 989.048 | 0.2257 |
| 3：00 | 43.5195 | 59.1949 | 90.1320 | 99.3319 | 85.2581 | 64.2846 | 990.377 | 0.2249 |
| 4：00 | 43.1075 | 55.7218 | 92.6454 | 101.547 | 91.5674 | 66.0348 | 1011.17 | 0.2297 |
| 5：00 | 48.2144 | 60.6341 | 98.8019 | 108.600 | 93.5957 | 65.2956 | 1075.09 | 0.2398 |
| 6：00 | 55.1769 | 62.7103 | 106.559 | 123.202 | 102.170 | 72.6831 | 1201.07 | 0.2658 |
| 7：00 | 62.7126 | 70.5348 | 112.136 | 120.912 | 103.663 | 77.1812 | 1275.95 | 0.2760 |
| 8：00 | 57.3331 | 69.9476 | 116.675 | 137.681 | 111.040 | 78.1897 | 1275.95 | 0.2760 |

（续）

| 时间 | $P_1$ | $P_2$ | $P_3$ | $P_4$ | $P_5$ | $P_6$ | 发电成本 | 污染气体排放量 |
|---|---|---|---|---|---|---|---|---|
| 9：00 | 60.3316 | 76.5347 | 129.211 | 148.852 | 122.303 | 81.9526 | 1473.38 | 0.3688 |
| 10：00 | 58.5420 | 80.6726 | 137.294 | 164.991 | 127.948 | 81.7822 | 1566.66 | 0.4443 |
| 11：00 | 68.1977 | 77.5052 | 126.518 | 167.901 | 125.684 | 86.3347 | 1573.51 | 0.4057 |
| 12：00 | 59.5929 | 82.2129 | 135.476 | 162.329 | 126.121 | 85.5989 | 1569.14 | 0.4282 |
| 13：00 | 54.1649 | 73.2565 | 147.565 | 172.736 | 133.695 | 86.0668 | 1611.75 | 0.5606 |
| 14：00 | 61.7601 | 73.4960 | 121.782 | 152.142 | 118.291 | 92.3653 | 1479.04 | 0.3528 |
| 15：00 | 58.9071 | 72.0950 | 113.389 | 132.813 | 112.913 | 80.9076 | 1338.27 | 0.2993 |
| 16：00 | 53.3510 | 60.0902 | 101.059 | 110.680 | 101.780 | 71.8988 | 1139.75 | 0.2496 |
| 17：00 | 52.1855 | 58.1502 | 97.8286 | 101.901 | 97.660 | 67.4458 | 1078.58 | 0.2372 |
| 18：00 | 53.6916 | 68.2297 | 103.866 | 117.544 | 105.715 | 73.5090 | 1204.26 | 0.2628 |
| 19：00 | 60.5392 | 66.8793 | 112.280 | 133.892 | 112.655 | 84.9321 | 1338.78 | 0.2994 |
| 20：00 | 60.9512 | 77.7823 | 128.184 | 163.057 | 120.110 | 86.1089 | 1524.58 | 0.3872 |
| 21：00 | 63.2109 | 79.6902 | 124.612 | 149.841 | 113.739 | 88.4869 | 1480.59 | 0.3498 |
| 22：00 | 51.2714 | 64.4671 | 109.586 | 117.117 | 104.598 | 75.2227 | 1201.57 | 0.2656 |
| 23：00 | 47.8482 | 58.8552 | 94.6101 | 93.2200 | 84.3751 | 62.6095 | 993.368 | 0.2232 |
| 24：00 | 41.8523 | 53.2725 | 93.9947 | 99.2918 | 89.8766 | 63.2603 | 987.158 | 0.2275 |
| Σ | | | | | | | 30371.8 | 7.3233 |

**2. 实验 3-2：同时考虑两个用电高峰**

本实验中，表 5-1 的两个用电高峰都被做了削峰处理，此时总的削峰负荷为 177MW（26+41+63+47，分别对应第 11、第 12、第 20、第 21 个调度区间）。图 5-8 所示为功率分配结果，图中的颜色含义与图 5-7 一致。使用 MHBA 得到的本实验最优化动态经济/排放调度结果见表 5-6。

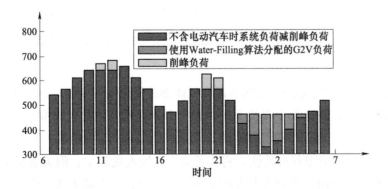

图 5-8　实验 3-2 中使用 Water-Filling 算法生成的负荷分配结果

表 5-6 实验 3-2 生成的每小时发电量（单位为 MW）、发电成本（单位为美元）
及污染气体排放量（单位为 t）

| 时间 | $P_1$ | $P_2$ | $P_3$ | $P_4$ | $P_5$ | $P_6$ | 发电成本 | 污染气体排放量 |
|---|---|---|---|---|---|---|---|---|
| 1：00 | 45.4455 | 59.0832 | 96.8657 | 102.616 | 93.7350 | 67.5202 | 1050.48 | 0.2345 |
| 2：00 | 47.8674 | 61.3429 | 94.8136 | 101.376 | 91.5703 | 68.4010 | 1053.23 | 0.2323 |
| 3：00 | 46.9438 | 56.7749 | 93.3121 | 105.906 | 92.3249 | 70.2364 | 1050.72 | 0.2345 |
| 4：00 | 48.2061 | 53.4835 | 93.4939 | 108.587 | 94.7631 | 66.9729 | 1048.59 | 0.2367 |
| 5：00 | 50.3093 | 56.5787 | 97.0200 | 109.351 | 95.0601 | 66.9467 | 1075.08 | 0.2398 |
| 6：00 | 55.9789 | 62.0636 | 104.405 | 121.349 | 101.727 | 77.1194 | 1203.50 | 0.2634 |
| 7：00 | 44.2141 | 67.7884 | 115.413 | 134.145 | 108.861 | 76.5305 | 1264.66 | 0.2938 |
| 8：00 | 58.9580 | 72.4651 | 113.963 | 135.303 | 110.228 | 80.1006 | 1337.94 | 0.2997 |
| 9：00 | 65.0971 | 78.9337 | 126.086 | 145.823 | 119.738 | 83.7189 | 1478.24 | 0.3543 |
| 10：00 | 61.5263 | 69.4489 | 137.171 | 167.741 | 131.259 | 84.2476 | 1564.22 | 0.4565 |
| 11：00 | 71.8865 | 81.2763 | 124.282 | 162.648 | 120.534 | 91.6736 | 1580.12 | 0.3861 |
| 12：00 | 61.1907 | 81.2578 | 128.397 | 162.344 | 129.769 | 88.8922 | 1571.78 | 0.4136 |
| 13：00 | 60.7129 | 85.1298 | 133.999 | 175.896 | 127.278 | 85.3779 | 1622.36 | 0.4532 |
| 14：00 | 68.0255 | 72.1199 | 120.619 | 152.138 | 123.962 | 83.0172 | 1477.29 | 0.3574 |
| 15：00 | 53.7044 | 67.1809 | 118.095 | 142.911 | 113.533 | 75.3959 | 1330.85 | 0.3140 |
| 16：00 | 46.2053 | 59.1032 | 108.990 | 115.878 | 97.3962 | 70.9176 | 1134.40 | 0.2561 |
| 17：00 | 45.0517 | 62.3708 | 96.7065 | 108.348 | 93.1090 | 69.6570 | 1076.18 | 0.2391 |
| 18：00 | 56.2680 | 63.4914 | 107.701 | 115.921 | 103.952 | 75.0570 | 1203.87 | 0.2628 |
| 19：00 | 57.1324 | 68.2235 | 119.703 | 135.166 | 113.716 | 76.7131 | 1332.99 | 0.3088 |
| 20：00 | 56.1462 | 66.9038 | 113.813 | 143.011 | 113.916 | 77.3128 | 1332.98 | 0.3096 |
| 21：00 | 58.7540 | 68.0641 | 115.424 | 141.674 | 108.719 | 78.3820 | 1334.86 | 0.3056 |
| 22：00 | 56.5946 | 63.6606 | 103.272 | 117.428 | 104.001 | 77.7086 | 1205.47 | 0.2614 |
| 23：00 | 48.9477 | 59.1394 | 98.3452 | 102.895 | 88.4325 | 67.4823 | 1051.88 | 0.2334 |
| 24：00 | 46.8050 | 59.5170 | 93.3253 | 109.142 | 92.8692 | 63.8127 | 1048.84 | 0.2362 |
| $\Sigma$ | | | | | | | 30430.5 | 7.1828 |

### 3. 比较与分析

先进行实验 3-1 和实验 3-2 之间的污染气体排放量比较。实验 3-1 中的污染气体排放量是 7.3233t/天，明显大于实验 3-2 中的 7.1828t/天。在发电成本方面，实验 3-1 为 30371.8 美元/天，实验 3-2 为 30430.5 美元/天，两者几乎相等。为了更好地阐述使用电动汽车进行削峰填谷的特性，将实验 2-2 也加入比较中，因为实验 2-2 可以看作削峰填谷的一个特例（削峰功率为 0）。实验 2-2 中，发电成本为 30428.9 美元/天，可见，这个三个实验所获得的发电成本几乎相同。但是，在污染气体排放量方面，实验 2-2 得到的值最大（7.4421t/天），实验 3-2 得到的值最小（7.1828t/天）。对比实验 3-2 与实验 2-2 可知，污染气体排放量的年减少量约为 111t，这意味着使用电动汽车进行削峰填谷有助于减少污染气体排放量。

接下来分析发电成本。图 5-9a 所示为实验 3-2 与实验 2-2 在每个调度区间上的发电成本差。实验 2-2 中，削峰负荷为 0，而在实验 3-2 中，包含了两个用电高峰的削峰负荷。因此，从图 5-9a 中可以看出，在第 11、第 12、第 20、第 21 调度区间中（即两个用电高峰期中），实验 3-2 的发电成本远小于实验 2-2，这要归功于 V2G 的使用，它将高峰期负荷进行了转移。

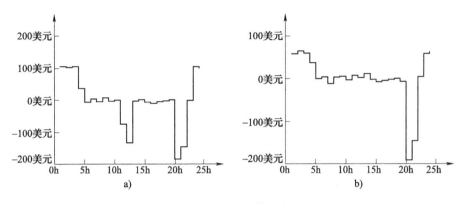

图 5-9　不同调度区间的发电成本差

a）实验 3-2 与实验 2-2 之间各调度区间的发电成本差

b）实验 3-2 与实验 3-1 之间各调度区间的发电成本差

同样在填谷阶段（即第 23、第 24、第 1、第 2、第 3 调度区间），实验 3-2 的发电成本要高于实验 2-2。将图 5-9a 中各时段的差值累加，其值为 1.6 美元，正好等于这两个实验之间的发电成本差（30430.5-30428.9）。相同的比较情况也发生在实验 3-2 与实验 3-1 中，如图 5-9b 所示，这两个实验的发电成本差值之和为 0.4 美元，等于两者的发电成本差（30430.5 美元-30371.8 美元）。图 5-9a 和图 5-9b 均表明，削峰期间减少的发电成本几乎等于填谷期间增加的发电成本。因此，这三个实验（实验 2-2、实验 3-1 和实验 3-2）几乎得到了相同的发电成本，这意味着使用电动汽车进行削峰填谷并不能减少发电成本。然而，这一结论的得出基于一个潜在条件，即没有更多调峰电站的参与，如抽水蓄能电站、液化天然气（LNG）发电站等。建设这些调峰电站需要昂贵的投资，但由于电动汽车的参与，这部分投资可以节省下来。

最后分析线路损耗与削峰负荷之间的关系。实验 2-2、实验 3-1 与实验 3-2 的 G2V 负荷分别为 209.91MW、282.73MW 和 402.30MW。在实验 2-2 中，削峰负荷为 0，所以总的 G2V 负荷为电动汽车的充电负荷。由于电池充/放电效率的存在，实验 2-2 与实验 3-1 之间的 G2V 负荷差为 72.82MW，比两个实验之间的削峰负荷差（67MW）略大。同样的情形也发生在实验 3-1 与实验 3-2 之间，两者之间的 G2V 负荷差为 119.57MW，而削峰负荷差为 110MW。表 5-7 给出了实验 2-2、实验 3-1 和实验 3-2 所有调度区间的发电量和线路损耗统计情况，三个实验总的线路损耗分别是 199.7711MW、198.0599MW 和 199.5664MW，其占总有功功率输出的比例分别为

1.56%、1.54%和1.55%。这表明在不同的削峰负荷下，线路损耗基本相同。

表 5-7　发电量和线路损耗统计情况（单位为 MW）

| 时间 | 发电量 | | | 时间 | 线路损耗 | | |
|---|---|---|---|---|---|---|---|
| | 实验 2-2 | 实验 3-1 | 实验 3-2 | | 实验 2-2 | 实验 3-1 | 实验 3-2 |
| 1：00 | 420.29 | 436.264 | 459.381 | 1：00 | 4.99 | 5.41 | 5.88 |
| 2：00 | 420.29 | 436.264 | 459.381 | 2：00 | 5.06 | 5.33 | 5.99 |
| 3：00 | 420.29 | 436.264 | 459.381 | 3：00 | 4.93 | 5.46 | 6.12 |
| 4：00 | 445 | 445 | 459.381 | 4：00 | 5.72 | 5.62 | 6.12 |
| 5：00 | 469 | 469 | 469 | 5：00 | 6.01 | 6.14 | 6.27 |
| 6：00 | 515 | 515 | 515 | 6：00 | 7.35 | 7.5 | 7.64 |
| 7：00 | 539 | 539 | 539 | 7：00 | 8.02 | 8.14 | 7.95 |
| 8：00 | 562 | 562 | 562 | 8：00 | 8.71 | 8.87 | 9.02 |
| 9：00 | 609 | 609 | 609 | 9：00 | 11.04 | 10.19 | 10.4 |
| 10：00 | 640 | 640 | 640 | 10：00 | 11.14 | 11.23 | 11.39 |
| 11：00 | 666 | 666 | 640 | 11：00 | 12.79 | 12.14 | 12.3 |
| 12：00 | 681 | 681 | 640 | 12：00 | 13.71 | 11.33 | 11.85 |
| 13：00 | 656 | 656 | 656 | 13：00 | 12.37 | 11.49 | 12.4 |
| 14：00 | 609 | 609 | 609 | 14：00 | 10.66 | 10.84 | 10.88 |
| 15：00 | 562 | 562 | 562 | 15：00 | 8.87 | 9.03 | 8.82 |
| 16：00 | 492 | 492 | 492 | 16：00 | 6.93 | 6.86 | 6.49 |
| 17：00 | 469 | 469 | 469 | 17：00 | 6.18 | 6.17 | 6.24 |
| 18：00 | 515 | 515 | 515 | 18：00 | 7.46 | 7.56 | 7.39 |
| 19：00 | 539 | 562 | 562 | 19：00 | 8.74 | 9.18 | 8.66 |
| 20：00 | 562 | 625 | 625 | 20：00 | 10.62 | 11.19 | 9.1 |
| 21：00 | 609 | 609 | 609 | 21：00 | 10.71 | 10.58 | 9.02 |
| 22：00 | 515 | 515 | 515 | 22：00 | 7.54 | 7.26 | 7.67 |
| 23：00 | 421 | 436.264 | 436.264 | 23：00 | 5.17 | 5.25 | 5.86 |
| 24：00 | 420.29 | 436.264 | 436.264 | 24：00 | 5.05 | 5.28 | 6.09 |

### 5.4.4　算例分析 4

　　本算例分析不仅考虑电动汽车的 G2V/V2G 使用，还考虑了电池的老化成本，即见式（5-1），其余参数与实验 3-2 一致。本算例分析在于讨论电池老化能否对动态经济/排放调度产生影响。

　　与实验 3-2 相比，削峰负荷完全一样。由式（5-1）可见，电池的老化成本与发电机有功出力 $P_i$ 没有必然联系。换句话说，电池老化只能影响调度的总成本，并不会影响 V2G/G2V 的能量调度。因此，与实验 3-2 相比，尽管目标函数不同，但本算例分析的削峰填谷负荷分配与实验 3-2 完全一致（见图 5-8）。

使用 MHBA 对本算例分析求解的最优化动态经济/排放调度结果见表5-8。总的污染气体排放量为 7.1449t/天，该值比较接近实验 3-2 的 7.1828t/天。主要原因在于求取最优解是一个随机过程，每次获得的解都有略微不同。本算例分析中，总的发电成本为 43776.4 美元，比实验 3-2 的总成本 30430.6 美元高出许多，这主要由电池老化成本引起。比较表 5-8 与表 5-6，在 V2G 期间（即第 11、第 12、第 20 和第 21 调度区间），表 5-8 中的成本要明显高于表 5-6 中的成本，而在非 V2G 期间，两个实验的发电成本几乎相同。电池老化成本约为 13299 美元/天，考虑到需要参与 V2G 的电动汽车数量约为 16667 辆，平均每辆车的电池老化成本约为 0.79 美元/天。对于车主来说，这部分成本应该由电力部门予以补偿。

表 5-8 算例分析 4 每天发电量（单位为 MW）、发电成本（单位为美元）及污染气体排放量（单位为 t）

| 时间 | $P_1$ | $P_2$ | $P_3$ | $P_4$ | $P_5$ | $P_6$ | 发电成本 | 污染气体排放量 |
|---|---|---|---|---|---|---|---|---|
| 1：00 | 45.9067 | 58.6690 | 99.0286 | 103.249 | 92.5876 | 65.7292 | 1049.63 | 0.2352 |
| 2：00 | 50.9222 | 60.3434 | 96.5600 | 101.004 | 89.3594 | 67.1258 | 1053.84 | 0.2320 |
| 3：00 | 48.8159 | 56.7771 | 98.1240 | 103.692 | 92.4303 | 65.3969 | 1050.06 | 0.2348 |
| 4：00 | 48.0735 | 56.3168 | 98.0078 | 102.028 | 95.0384 | 65.7553 | 1050.18 | 0.2348 |
| 5：00 | 50.2828 | 57.4682 | 95.9327 | 106.834 | 94.9037 | 69.8914 | 1077.02 | 0.2381 |
| 6：00 | 55.5088 | 63.5224 | 104.798 | 118.474 | 104.973 | 75.2829 | 1023.42 | 0.2362 |
| 7：00 | 59.3758 | 66.7623 | 110.290 | 129.815 | 104.409 | 76.6387 | 1270.97 | 0.2809 |
| 8：00 | 58.6503 | 71.4824 | 116.716 | 134.523 | 108.963 | 80.5217 | 1337.16 | 0.3010 |
| 9：00 | 61.9718 | 77.2022 | 119.813 | 148.935 | 122.285 | 89.6625 | 1479.60 | 0.3516 |
| 10：00 | 53.9537 | 74.7635 | 144.241 | 167.305 | 129.014 | 81.5675 | 1562.03 | 0.4971 |
| 11：00 | 64.8394 | 76.9669 | 126.825 | 167.613 | 129.187 | 86.6564 | 3526.57 | 0.4145 |
| 12：00 | 58.5953 | 75.6303 | 135.206 | 164.861 | 131.652 | 85.4729 | 4648.71 | 0.4449 |
| 13：00 | 72.8631 | 86.3999 | 130.887 | 162.087 | 123.161 | 93.1938 | 1630.84 | 0.4138 |
| 14：00 | 65.1216 | 77.7179 | 120.367 | 154.162 | 119.544 | 82.9658 | 1478.70 | 0.3528 |
| 15：00 | 67.5159 | 73.5078 | 113.733 | 127.666 | 107.966 | 80.6725 | 1344.69 | 0.2921 |
| 16：00 | 54.7628 | 63.2641 | 100.898 | 109.907 | 96.4542 | 73.6076 | 1142.58 | 0.2470 |
| 17：00 | 48.5081 | 58.4840 | 97.0631 | 108.621 | 96.4900 | 66.0639 | 1074.79 | 0.2400 |
| 18：00 | 57.7562 | 63.2522 | 104.872 | 115.443 | 105.629 | 75.5960 | 1205.23 | 0.2617 |
| 19：00 | 61.0507 | 71.9200 | 111.952 | 131.124 | 112.434 | 82.6495 | 1340.48 | 0.2965 |
| 20：00 | 59.2836 | 70.2487 | 119.933 | 135.326 | 109.542 | 76.3281 | 6070.30 | 0.3058 |
| 21：00 | 57.3738 | 7104260 | 116.711 | 135.028 | 108.558 | 81.7672 | 4871.36 | 0.3014 |
| 22：00 | 50.5526 | 65.0116 | 109.061 | 117.787 | 103.392 | 76.4979 | 1201.94 | 0.2652 |
| 23：00 | 46.1744 | 61.1619 | 94.7581 | 100.961 | 90.1766 | 72.1631 | 1054.06 | 0.2322 |
| 24：00 | 44.9129 | 57.0212 | 92.9922 | 107.100 | 92.3012 | 71.1937 | 1050.14 | 0.2353 |
| Σ | | | | | | | 43594.3 | 7.1449 |

以上所有算例分析均表明，对于动态经济/排放调度问题，使用电动汽车进行削峰填谷并不能有助于直接减少发电成本，但是却能帮助减少污染气体排放量，降低调峰电站的投资。此外，电池老化只能影响调度的总成本，不会对发电机最优化调度的结果产生影响。

本章研究了含电动汽车削峰填谷时的动态经济/排放调度问题，重点讨论了不同的削峰填谷功率对发电成本和污染气体排放量造成的影响。为了更合理地分配填谷功率，本章使用了一种 Water-Filling 算法来进行填谷功率分配。此外，为分析电动汽车电池老化对调度的影响，本章还在目标函数中引入了电池老化成本。在上述研究目标的基础上，给出了使用电动汽车进行削峰填谷的策略。为解决上述优化问题，本章引入了 MHBA 来求解。利用 IEEE 30-bus 系统，分别从不同的调峰功率进行对比仿真。仿真结果表明，电动汽车能为调峰提供很好的解决思路，有助于减少调峰电站的投资，极大降低电力部门的设施建设成本。同时，也有助于减少污染气体排放量，但是该方法不能降低发电成本，而是将调峰功率转移至用电波谷期间。使用 Water-Filling 算法的另一个益处是，它避免了在非用电高峰期由于电动汽车的随机充电行为而带来的新的用电高峰。

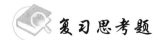

1. 如何更完整地建立含电动汽车的经济/排放调度模型？

2. 本章考虑了电动汽车的 V2G/G2V，如果从用户侧考虑，应如何增加用户参与调度的积极性？

3. 试结合电力市场说明电价对调度的影响。

4. 如果设计一套较完整的应用场景，应如何平衡电网和用户的利益？

5. 对于更大集群的电动汽车，应如何设计应对方案？

6. 经济/排放调度优化问题对算法的鲁棒性有什么要求？

7. 如果在本章的仿真中考虑随机风能，目标函数和约束条件该如何建模？

8. 除了 Water-Filling 算法，还有什么削峰填谷的方案？

9. 如果考虑机组启停状态约束，应该如何修正模型？

10. 试阐述本章所用算法的优势。

# 第6章

# 融合代理模型的自适应蝙蝠
# 算法求解大规模经济调度研究

随着电力工业的蓬勃发展，经济调度问题中决策变量的维度也显著增加，进而扩大了经济调度问题中决策变量的搜索空间规模。这种变化不仅增大了经济调度问题的求解难度，还占用了大量的计算资源。为了解决这一新生问题，本章提出了广义回归神经网络辅助自适应蝙蝠算法（General Regression Neural Network-Assisted Adaptive Bat Algorithm by Integrating Random Black Hole Model and Chaotic Maps，GARCBA），以此对大规模经济调度问题进行求解。首先，提出基于信赖域采样策略的广义回归神经网络代理模型，用以近似并代替经济调度问题中的燃料成本目标函数，该代理辅助方案在减少总评估次数的同时也减少了单次评估的计算用时；其次，引入进化状态评估（Evolutionary State Evaluation，ESE），对优化过程中种群的分布与适应度进行综合分析，以获得种群的进化因子；最后，综合考虑进化因子和随机黑洞模型，首创性地提出平均进化因子的概念，进而依靠平均进化因子的大小来自适应地更新随机黑洞模型的有效作用半径，大幅度提升了算法的收敛速度和程度。

## 6.1　代理模型辅助大规模经济调度问题求解的可行性

近年来，数据驱动代理辅助优化方法在解决大规模复杂优化问题时表现出了优越性能。其主要思想是建立一个代理模型来近似和替代目标函数，其中使用最广泛的代理模型有克里金模型、人工神经网络、径向基函数、支持向量机和集成模型等。克里金辅助双存档进化算法是解决昂贵多目标优化问题的先进方案，该方案在进化算法中集成了一种基于不敏感影响点的改进克里金代理模型，以此评估目标函数，该方法稳定且快速地解决了若干黑箱优化问题。随机失活神经网络也可用作代理模型来辅助优化，将之视作代理模型时，区别于传统的随机失活机制只在网络训练阶段执行，随机失活神经网络代理模型在测试阶段也需要执行随机失活机制，这克服了采样不确定性带来的建模准确度低的缺点。径向基函数（Radial Basis Function，RBF）模型也可用作代理模型来代替或近似昂贵的目标函数，代理模型的应用可以减少计算时间并避免资源浪费。

此外，作为 RBF 神经网络的一种改进网络，广义回归神经网络（General Regression Neural Network，GRNN）也被用于近似和拟合目标函数。在 GRNN 辅助的粒子群优化算法中，GRNN 被视作全局代理模型来评估基准函数的适应度值。在代理模型辅助的差分进化算法中，GRNN 和 RBF 分别作为全局和局部代理模型，GRNN 用来评估由差分算法产生的试验向量的可行性和不确定性，RBF 结合内点法实现了种群的快速收敛。总体来说，相较于其他代理模型，GRNN 代理模型具有两个优势：一方面，GRNN 只需一次训练即可，它的计算成本和训练时间均小于 RBF；另一方面，GRNN 的可调节参数仅有核函数中的平滑因子，这使得 GRNN 的参数敏感性极低。尽管 GRNN 代理模型已经被应用到许多大规模长耗时的优化问题中，但如何缩小 GRNN 代理模型与真实目标函数之间的拟合误差，减少评估次数进而提高 GRNN 代理模型的性能仍需进一步研究。

高效的抽样准则对提高代理模型的性能和减少拟合误差也具有重要作用，具有代理模型管理功能的信赖域框架（Trust-Region Framework，TRF）在优化过程中可以实现高效抽样。其管理模式依赖于计算昂贵函数的梯度信息，然而，梯度信息一般较难甚至无法获取。因此，一种基于自适应最小化预测器（Self-Adaptive Minimizing the Predictor，SAMP）的改进的信赖域模型管理技术被提出，该方案通过识别最优解周围的局部搜索空间来提高模型的精确度和计算效率。相较于 TRF，SAMP 依据相邻两次迭代中适应度值的变化来动态调整探索的方向。这不仅易于实现，还为更新 GRNN 代理模型提供了高质量的采样点，从而提升了代理模型的性能。

一个性能优越的元启发式算法对于执行经济调度的优化是至关重要的。蝙蝠算法由于具有参数少、收敛速度快的优点，在经济调度的求解中被广泛使用。例如，定向蝙蝠算法（Directional Bat Algorithm，DBA）被用于求解整合了可再生能源的经济调度，该算法在收敛速度和计算时间方面均取得了较好的结果；基于柯西-高斯量子行为的蝙蝠算法（Cauchy-Gaussian Quantum-Behaved Bat Algorithm，CGQBA）可以用来求解各种 IEEE 标准测试系统中的经济调度问题，其在收敛程度方面具有一定的优势。多目标混杂蝙蝠算法（MHBA）可以用来求解联合经济/排放调度问题，该算法的优越性体现在极短的操作时间和更为均匀的帕累托前沿上。对于含可再生能源的经济调度问题，可以使用 BA 和 PSO 的混杂算法来搜索，以获得更为经济的调度结果；对于含随机风能的经济调度问题，改进的单目标蝙蝠算法（RCBA）可以很好地解决。该算法在单目标蝙蝠算法的基础上结合了随机黑洞模型和混沌映射，其中执行局部寻优的随机游走被随机黑洞模型代替，响度和脉冲发射率这两个核心参数也被混沌映射替代，相较于单目标蝙蝠算法，RCBA 提高了全局搜索能力，并有效避免了早熟收敛问题。然而，RCBA 最终解的收敛程度依赖于随机黑洞模型的有效作用半径（$r_d$），并且搜索空间的大小与 $r_d$ 的长度呈正相关关系。仅根据搜索空间的变化（从大到小）和先验经验将 $r_d$ 设置为确定的分段参数会对收敛性和准确性有相当大的影响。为解决这一问题，可以采用基于种群分布和粒子适应度值的实时进化状态估计方法。该方法将进化状态分为四种，并会识别每一次迭代的收敛状态。在优化执行时，可根据当前收敛状态自适应地控制惯性权值、加速度系数以及其他算法参数，从而提高搜索效率。

虽然代理模型技术和经济调度问题均已被广泛研究，但很少有学者使用数据驱动代理辅助优化算法来求解大规模复杂经济调度问题。为了快速且准确地求解大规模复杂经济调度问题，一种基于代理辅助的混合进化算法是急需的。基于上述分析，本章提出了一种数据驱动代理辅助自适应混杂蝙蝠算法来求解大规模复杂经济调度问题。提出的方法包括两部分：融合 SAMP 采样策略的新型 GRNN 代理模型，以及自适应混杂蝙蝠算法。

## 6.2　高维度大规模经济调度数学模型

### 6.2.1　目标函数

相较于传统的经济调度，高维度大规模经济调度的特点是决策变量维度更高、搜索空间更大，其优化目标为最小化火电机组的燃料成本，具体描述可见式（2-1）和式（2-2）。

### 6.2.2　约束条件

为了更贴近实际的经济调度问题，本章考虑了发电机输出无功功率约束、电压幅值约束、线路功率约束、火电机组禁止操作区域约束、爬坡约束和阀点效应等，具体描述见式（2-3）~式（2-13）。

## 6.3　相关技术

### 6.3.1　进化状态评估法

在优化过程中，可以预料的是，种群分布会从初期的随机分布变为后期围绕全局最优解聚集分布。针对上述状况，依据每个粒子到其他所有粒子之间的平均距离来评估种群分布状态的 ESE 方法被提出。具体来说，全局最优粒子与其他粒子的平均距离往往最小，因为所有其他粒子都倾向于靠近并围绕全局最优粒子，此刻种群可以被判断为收敛状态。相反，当上述平均距离最大时，全局最优粒子远离其他粒子，此刻种群可以被判断为跳跃状态。ESE 方法的具体步骤如下：

1）从粒子 $i$ 到其他粒子的平均距离用欧几里得度量表示，其中 $N_\mathrm{p}$ 为种群大小，$D$ 为维度，即

$$d_{ip} = \frac{1}{N-1} \sum_{j=1,\ j \neq i}^{N_\mathrm{p}} \sqrt{\sum_{k=1}^{D} (x_i^k - x_j^k)^2} \tag{6-1}$$

2）定义进化因子为在优化过程中全局最优粒子的平均距离的变化量，具体为

$$f_{\text{ese}} = \frac{d_* - d_{\min}}{d_{\max} - d_{\min}} \tag{6-2}$$

式中，$d_*$ 为全局最优粒子的平均距离。

此外，所有 $d_{ip}$ 的最大和最小平均距离分别定义为 $d_{\max}$ 和 $d_{\min}$，$f_{\text{ese}} \in [0, 1]$。

3）根据模糊分类的概念，将 $f_{\text{ese}}$ 分为 S1、S2、S3 和 S4 四组，分别表示勘探、开发、收敛和跳跃的状态。

### 6.3.2　广义回归神经网络

GRNN 在理论上拥有近似任何回归曲面的能力。在本章中，GRNN 被用来近似经济调度的成本函数（可考虑或不考虑阀点效应）。相较于反向传播网络，GRNN 只需训练一次即可，因此，训练更为方便的 GRNN 适用于辅助求解耗时的经济调度。假设 $x$ 和 $y$ 为两个随机变量，那么这二者的联合概率密度是 $f(x, y)$，假设 $x$ 的观测值为 $x_0$，则 $y$ 相对于 $x_0$ 的回归期望值为

$$E(y \mid x_0) = \frac{\int_{-\infty}^{0} y f(x_0, y) \, dy}{\int_{-\infty}^{0} f(x_0, y) \, dy} \tag{6-3}$$

式中，$y(x_0)$ 为给定输入 $x_0$ 的预测输出。

应用非参数估计的 Parzen 窗方法，可从样本数据集 $\{x_i, y_i\}_{i=1}^{n}$ 中估算出密度函数，即

$$f(x_0, y) = \frac{1}{n(2\pi)^{\frac{p+1}{2}} \sigma^{p+1}} \sum_{i=1}^{n} e^{-d(x_0, x_i)} e^{-d(x_0, x_i)} \tag{6-4}$$

$$d(x_0, x_i) = \sum_{j=1}^{p} \left[ \frac{(x_{0j} - x_{ij})}{\sigma} \right]^2 \tag{6-5}$$

$$d(y, y_i) = (y - y_i)^2 \tag{6-6}$$

式中，$n$ 为样本点的数量；$p$ 为随机变量 $x$ 的维数；$\sigma$ 为平滑因子，其实质上是高斯函数的标准差。

通过结合式（6-3）~式（6-6），$y(x_0)$ 的计算方法为

$$E(y \mid x_0) = \frac{\sum_{i=1}^{n} y e^{-d(y_0, y_i)}}{\sum_{i=1}^{n} e^{-d(x_0, x_i)}} \tag{6-7}$$

显然，当给定输入 $x_0$ 时，预测结果为 $y(x_0)$。需要注意的是，平滑因子的值对网络性能有很大的影响。

### 6.3.3　自适应最小化预测策略

为了使代理模型通过连续采样逐步接近真实的目标函数，自适应最小化预测

器（Self-Adaptive Minimizing the Predictor，SAMP）可以被融入代理模型以辅助采样。具体来说，通过对最小化问题的局部最优解连续采样并将采样点加入代理模型中，代理模型即可以连续地接近目标函数。因为代理模型在采样点附近的拟合准确度更高，所以需要确定一个搜索半径来指导搜索下一个采样点 $x_1$。初始搜索半径 $\delta_0$ 一般是自定义的，若将初始种群最小的局部最优解记作第一个采样点 $x_0$，则下一个采样点可以在区间（$x_0 \pm \delta_0$）内得到，其预测性能的评估为

$$r = \frac{f(x_{j-1}) - f(x_j)}{f(x_{j-1}) - \hat{y}(x_j)} \tag{6-8}$$

式中，$f(x_{j-1})$ 和 $f(x_j)$ 分别为采样点 $x_{j-1}$ 和 $x_j$ 处的真实目标函数值；$\hat{y}(x_j)$ 为代理模型在采样点 $x_j$ 处计算得到的函数值。

$r$ 代表预测的准确程度，被称为信赖域因子，下一个搜索半径 $\delta_j$ 的计算方法为

$$\delta_j = \begin{cases} c_1 \|x_j - x_{j-1}\| & \text{if } r < r_1 \\ \min\{c_2 \|x_j - x_{j-1}\|, \Delta\} & \text{if } r > r_2 \\ \|x_j - x_{j-1}\| & \text{其他} \end{cases} \tag{6-9}$$

式中，$c_1$ 和 $c_2$ 分别为新的搜索区域的收缩和膨胀系数；$\Delta$ 为一个常量，其作用为限制 $\delta_j$ 的无限增长；参数 $r_1$ 和 $r_2$ 分别决定了搜索区域何时收缩和何时膨胀，如果模型精准度较低，$r$ 将小于 $r_1$，此时搜索半径将缩小。相反，如果模型精准度较高，$r$ 将大于 $r_2$，此时搜索半径将扩大。

## 6.4　代理辅助的自适应蝙蝠算法

本节提出了一种改进的广义回归神经网络辅助自适应蝙蝠算法（GARCBA），以此求解大规模高维度经济调度，图 6-1 所示为该算法的流程图，与现有的启发式算法不同，GARCBA 由两部分组成：GRNN 代理模型和自适应蝙蝠算法。在 GARCBA 中，采用 GRNN 作为代理模型来近似目标函数，这大大减少了函数评估时间，提高了算法的计算效率。为了使 GRNN 代理模型进一步逼近目标函数，这里采用 SAMP 采样策略，将采样的优质候选解加入数据库，然后每五次迭代更新一次 GRNN 代理模型。为了进一步提高算法的计算效率以求解大规模高维经济调度，本节提出了一种自适应蝙蝠算法。使用 ESE 来评估种群分布和适应度值之间的关系，以获得当前种群状态；进一步地，根据当前种群状态自适应更新随机黑洞模型的 $r_{\mathrm{d}}$，以消除分段式设置 $r_{\mathrm{d}}$ 的不合理性，具体过程如下。

1）初始化：当满足约束条件时，由伪随机数生成器生成初始种群，并将其存档为数据库，此后用数据库训练和更新 GRNN 代理模型。此外，初始算法参数有最大频率 $f_{\max}$、最小频率 $f_{\min}$、速度 $v_i$、响度 $A_i$、脉冲发射率 $r_i$、种群大小 $n$ 和系统负荷。

2）使用目标函数评估种群：如果考虑了阀点效应，则使用式（2-2）来计算初始

种群，否则即使用式（2-1）来计算初始种群，真实评估后的所有适应值存档到数据库中。

3）更新蝙蝠频率、速度、位置，并使用随机黑洞模型进行局部搜索：频率、速度和位置由式（3-1）~式（3-3）更新。采用随机黑洞模型进行局部搜索提高了搜索能力和收敛性。

4）使用训练好的 GRNN 代理模型来评估适应值：用 GRNN 代理模型代替真实的目标函数来评估适应度，可以大大减少计算时间。

5）获得当前最佳适应度及对应个体的位置：在每次迭代中，根据 GRNN 评估结果获得最佳适应度和对应的最佳个体位置，根据最佳适应度执行 GRNN 的 SAMP 采样策略，最佳个体位置利用随机黑洞模型进行更新，见式（3-7）。

6）更新响度和脉冲发射率：根据混沌映射更新响度和脉冲发射率，见式（3-18）和式（3-19）。

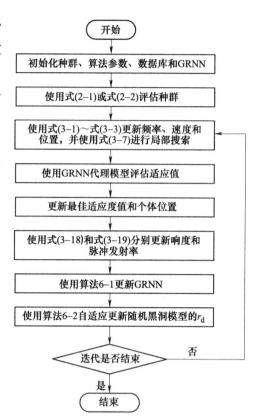

图 6-1　GARCBA 流程图

7）更新 GRNN：在 SAMP 抽样策略中，随机生成 10% 的种群数量候选解，并通过实际成本函数来评估。然后，将候选解及其真实评估适应度存档到数据库中。最后，每五次迭代即使用该数据库对 GRNN 进行一次再训练。

8）通过 ESE 评估种群分布与适应度之间的关系，并自适应地更新随机黑洞的有效半径 $r_d$：引入 ESE 对优化过程中种群的分布与适应度进行综合分析，以获得种群的进化因子；综合考虑进化因子和随机黑洞模型，提出平均进化因子的概念，进而依靠平均进化因子的大小自适应地更新随机黑洞模型的有效作用半径。

9）重复步骤 3）~步骤 7），直到迭代结束。

### 6.4.1　基于 SAMP 采样策略的改进 GRNN

如前所述，GRNN 的训练不需要重复迭代，这可以大大减少计算时间。此外，GRNN 的参数只有一个平滑因子，可以降低 GRNN 的复杂度。然而，上述 GRNN 是由初始数据训练的，这导致代理模型和真实目标函数之间的误差过大，极有可能使算法无法收敛到最优解。为了解决这一难题，SAMP 策略被用来采样新的候选解并加入初始数据库，随后每五次迭代即利用新的数据库实现对 GRNN 模型的再训练，这可以提高 GRNN 的准确度，进而靠近真实的目标函数。算法 6-1 描述了基于 SAMP 更新

GRNN 的步骤。

---

算法 6-1：基于 SAMP 更新 GRNN

输入：$\hat{f}(x_i^t)$；$\hat{f}(x_{\text{best}}^t)$；$x_{\text{best}}^t$；$f(x_{\text{best}}^t)$

输出：GRNN

1： **if** $t>1$ **then**

2：　　 **if** $f(x_{\text{best}}^{t-1}) - f(x_{\text{best}}^t) > 0$ **then**

3：　　　 $x_{\text{c}} = x_{\text{best}}^t$；

4：　　 **else**

5：　　　 $x_{\text{c}} = x_{\text{best}}^{t-1}$；

6：　　 **end if**

7：　　 分别由式（6-8）和式（6-9）获得信赖域因子 $r$ 和信赖域半径 $\delta_j$；

8：　　 $\delta_j = \max(\delta_j, \lambda R)$；

9：　　 $B_j = [x_{\text{c}} - \delta_j, x_{\text{c}} + \delta_j]$；

10：　　 $\hat{B}_j = B_j \cap A$；

11：　　 **for** 种群数量 10% 的个体 **do**

12：　　　 采样候选解 $x_{\text{p}}$；

13：　　　 在信赖域内通过式（2-1）或式（2-2）计算适应度 $f(x_{\text{p}})$；

14：　　 **end for**

15：　 **end if**

16：　 将 $x_{\text{p}}$ 和 $f(x_{\text{p}})$ 存档到数据库；

17：　 每五次迭代更新训练 GRNN

---

在算法 6-1 中，$x_i^t$ 是第 $i$ 个个体在第 $t$ 次迭代时的位置；$\hat{f}(x_i^t)$ 是由 GRNN 评估的适应度；$\hat{f}(x_{\text{best}}^t)$ 和 $f(x_{\text{best}}^t)$ 分别是第 $t$ 次迭代时的近似最优值和真实最优值；$x_{\text{best}}^t$ 是第 $t$ 次迭代时的最佳位置；$x_{\text{c}}$ 被定义为 SAMP 的中心。在多次迭代之后，采样半径 $\sigma_j$ 可能会太小，以至于候选解过于集中，这对于提高 GRNN 的准确性帮助甚微。因此，这里设置了一个最小采样空间半径 $\lambda R$，以防止采样空间过小。此外，采样空间 $B_j$ 也可能超过决策维度上下限，在经济调度中，即表现为超出发电机组出力上下限，因此，这里将 $\hat{B}_j$ 设置为 SAMP 策略的采样空间，$c_1$、$c_2$、$r_1$、$r_2$、$\delta$ 和 $\lambda$ 分别设置为 $0.55$、$1.25$、$0.3$、$0.75$、$0.05$ 和 $0.05$。每次采样的候选解的数量为种群大小的 10%，这样可以有效地提高数据库的质量。基于此，每五次迭代即进行一次采样并更新数据库，然后使用新的数据库更新 GRNN 代理模型，以提高模型准确性。

### 6.4.2　自适应蝙蝠算法

在 RCBA 中，选取合适的 $r_d$ 值至关重要，因为种群分布随着迭代进行，会从广泛分布变为集中收敛，搜索空间的范围也会随着迭代进行逐渐变小。在原 RCBA 中，$r_d$ 被设置为一个分段参数，迭代初期会将 $r_d$ 设置为一个相对较大的值，以扩大搜索范围，提高搜索效率。随着迭代的进行，当得到一个良好的当前全局最优解时，$r_d$ 的值会相应减小，以达到增强并加快收敛的目的。$r_d$ 的具体设置见表 6-1，可以看出，$r_d$ 的大小会在固定迭代区间内逐渐减小，这可能会导致提前缩小搜索空间或更新后的位置远离全局最优解。

表 6-1　$r_d$ 的具体设置

| 迭代次数 | $[0,50]$ | $[50,100]$ | $[100,200]$ | $[200,300]$ | $[300,400]$ | $[400,500]$ | $[500,600]$ | $[600,700]$ | $[700,2\times10^4]$ |
|---|---|---|---|---|---|---|---|---|---|
| $r_d$ | $10^{-1}$ | $10^{-3}$ | $10^{-4}$ | $10^{-6}$ | $10^{-9}$ | $10^{-12}$ | $10^{-14}$ | $10^{-17}$ | $10^{-20}$ |

为克服上述缺点，一种自适应混杂蝙蝠算法被提出。一方面，其引入 ESE 对优化过程中的种群分布与适应度值进行综合分析，以获得种群的进化因子；另一方面，其综合考虑进化因子和随机黑洞模型，提出了平均进化因子的概念，进而依靠平均进化因子的大小来自适应地更新随机黑洞模型的有效作用半径。算法 6-2 给出了自适应更新随机黑洞半径策略的伪代码。

---

**算法 6-2：自适应蝙蝠算法**

---

1：　　初始化相关参数，评估初适应度值并设置随机黑洞阈值 $p$；

2：　　**while** $t < N_{gen}$ **do**

3：　　　　更新频率、速度和位置；

4：　　　　　　**if** $rand > r_i^t$ **then**

5：　　　　　　**for** $x_i^{t+1}(m)$ **do**

6：　　　　　　　　随机产生 $l$；

7：　　　　　　　　**if** $l \leqslant p$ **then**

8：　　　　　　　　根据式（3-7）更新 $x_i^{t+1}(m)$；

9：　　　　　　　　**end if**

10：　　　　　　**end for**

11：　　　　　　**end if**

12：　　　　获得新的适应度值 $f_{new}$；

13：　　　　**if** $rand < A_i^t \&\& f_{new} < fitness(i)$ **then**

14：　　　　获得新的位置；

15：　　　　　　对个体位置进行排序并找到当前最优位置 $X_g$；

---

（续）

| 16： | 根据式（3-18）、式（3-19）来更新响度和脉冲发射率； |
|---|---|
| 17： | **end if** |
| 18： | 根据式（6-1）、式（6-2）计算 $d_{ip}$ 和 $f_{ese}$； |
| 19： | 设置平局拟合次数 $A$、半径集合 $r_{hT}$ 和平均进化因子阈值 $\mu$； |
| 20： | 设置 $I = 1$，$p_{rh} = 1$ |
| 21： | **if** $(p_{rh} \leqslant length(r_{hT}))\&\&(t > IA)$ **then** |
| 22： | $I=I+1$； |
| 23： | 计算平均进化因子 $f_{mese}$； |
| 24： | **if** $f_{mese} < \mu$ **then** |
| 25： | $p_{rh} = p_{rh} + 1$； |
| 26： | **if** $p_{rh} \leqslant length(r_{hT})$ **then** |
| 27： | 更新下一个随机黑洞模型的有效作用半径； |
| 28： | **end if** |
| 29： | **end if** |
| 30： | **end if** |
| 31： | **end while** |
| 32： | 输出结果 |

变量 $r_{hT}$ 是一个从大到小排列的半径集合，见表 6-2。其数值大小取决于待解决的问题，因为进化因子可以实时反映每次迭代的适应度值、进化状态与随机黑洞模型有效作用半径之间的关系，即适应度值的变化引起了进化因子和 $r_d$ 的变化。因此，这里提出平均进化因子的概念来自适应地更新 $r_d$，具体为

$$f_{mese} = \frac{f_{ese}^t - f_{ese}^{t-A}}{A} \tag{6-10}$$

表 6-2　$r_{hT}$ 的参数

| 项目 | $r_{hT1}$ | $r_{hT2}$ | $r_{hT3}$ | $r_{hT4}$ | $r_{hT5}$ | $r_{hT6}$ | $r_{hT7}$ | $r_{hT8}$ | $r_{hT9}$ | $r_{hT10}$ |
|---|---|---|---|---|---|---|---|---|---|---|
| 案例 1 | 15 | 8 | 6 | 4 | 1 | $10^{-3}$ | $10^{-5}$ | $10^{-7}$ | $10^{-9}$ | $10^{-13}$ |
| 案例 2 | 15 | 8 | 6 | 4 | 1 | $10^{-3}$ | $10^{-5}$ | | | |
| 案例 3 | 30 | 20 | 18 | 15 | 10 | 8 | 6 | 4 | 1 | |

图 6-2 所示为案例 1 中的进化因子和适应度值。图 6-2a 和图 6-2b 所示为情况 1-1 和情况 1-2 中进化因子的变化，图 6-2c 和图 6-2d 所示为情况 1-1 和情况 1-2 中适应度值的变化。此外，对比图 6-2a 和图 6-2c（对比图 6-2b 和图 6-2d 同理），当进化因子足够大时，适应度值保持不变。出现上述现象的原因如下：当 $f_{ese}$ 足够大时，即当前

最优个体距离其他所有个体最远，$r_d$ 需要适当增大才能提高搜索效率，加快收敛速度。当 $f_{ese}$ 变得非常小，即接近于 0 时，当前最优个体非常接近所有其他个体，也就是说种群趋于收敛。此时，为进一步提高搜索效率和速度，$r_d$ 应该更小。

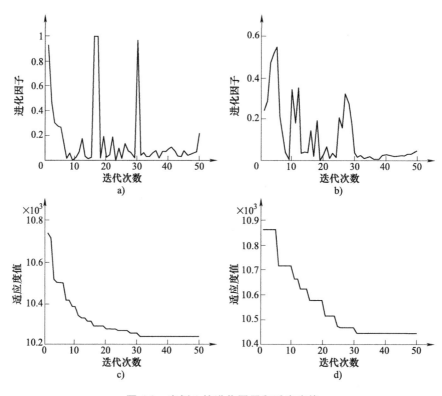

图 6-2  案例 1 的进化因子和适应度值

a）情况 1-1 的进化因子  b）情况 1-2 的进化因子  c）情况 1-1 的适应度值  d）情况 1-2 的适应度值

## 6.5  仿真结果

本章所提方案通过在三个不同的测试系统上进行仿真来测试其有效性，分别是 IEEE 118 节点系统、IEEE 300 节点系统和 IEEE 40 机组系统。系统中有功功率、燃料成本和运行时间的单位分别为 MW、美元/h 和 s。由于前两个测试系统缺乏实验比较结果，这里使用 GA、PSO 和竞争粒子群优化算法 CSO 与 GARCBA 进行比较。由于元启发式优化算法具有随机性，所以在每个案例中不同算法均独立进行 25 次测试。GARCBA 种群包含 50 个个体，其迭代次数设定为 50 次。最小和最大脉冲发射率分别为 0 和 0.01，阈值 $p$ 为 0.9。随机黑洞模型的有效作用半径集合 $r_{hT}$ 的参数见表 6-2。

### 6.5.1  案例 1：IEEE 118 节点系统

在本案例中，IEEE 118 节点系统包含 19 个发电机，负荷需求为 3668MW。本案例分为两种情况，即是否考虑阀点效应。

### 1. 情况 1-1：不考虑阀点效应

在该情况中，IEEE 118 节点系统考虑的约束有线路损耗、爬坡限制、无功功率约束和禁止操作区域约束。传输线功率和功率损耗由 MATPOWER 计算得到。为了说明所提出方法的有效性，GARCBA 和其他 3 种算法的最优解见表 6-3。

表 6-3　情况 1-1 的最优解（功率单位为 MW，成本单位为美元/h，运行时间单位为 s）

| 项目 | GARCBA | GA | PSO | CSO |
|---|---|---|---|---|
| $P_1$ | 854.77 | 680.43 | 638.23 | 619.31 |
| $P_2$ | 10.00 | 86.29 | 90.00 | 88.42 |
| $P_3$ | 80.00 | 300.00 | 300.00 | 294.77 |
| $P_4$ | 212.89 | 400.00 | 322.34 | 383.81 |
| $P_5$ | 1.00 | 9.62 | 9.93 | 9.67 |
| $P_6$ | 3.00 | 23.00 | 23.00 | 22.78 |
| $P_7$ | 74.53 | 235.94 | 240.00 | 224.40 |
| $P_8$ | 5.00 | 48.01 | 50.00 | 47.84 |
| $P_9$ | 20.00 | 200.00 | 200.00 | 152.34 |
| $P_{10}$ | 22.08 | 199.98 | 176.26 | 180.89 |
| $P_{11}$ | 400.00 | 398.87 | 339.88 | 227.66 |
| $P_{12}$ | 324.97 | 99.69 | 325.48 | 185.34 |
| $P_{13}$ | 458.58 | 90.82 | 406.76 | 212.99 |
| $P_{14}$ | 552.33 | 263.09 | 244.77 | 444.31 |
| $P_{15}$ | 1.00 | 2.80 | 1.13 | 2.01 |
| $P_{16}$ | 651.13 | 424.18 | 525.18 | 461.15 |
| $P_{17}$ | 155.96 | 269.73 | 182.59 | 87.77 |
| $P_{18}$ | 5.00 | 22.49 | 48.80 | 18.17 |
| $P_{19}$ | 4.00 | 9.67 | 8.97 | 17.46 |
| $P_L$ | 168.26 | 96.64 | 465.38 | 41.78 |
| 总成本 | 10179.52 | 10485.59 | 10440.37 | 10446.03 |
| 运行时间 | 34.38 | 38.21 | 47.41 | 86.13 |

在表 6-3 中，为了与 GARCBA 比较，所有对比算法的种群和迭代次数均与 GARCBA 相同。最低总成本 10179.52 美元/h 由 GARCBA 获得，它比 GA、PSO 和 CSO 所得出的总成本更优，差值分别为 306.07 美元/h、260.85 美元/h 和 266.51 美元/h。另外，GARCBA 的运行时间为 34.38s，分别比 GA、PSO 和 CSO 快 3.83s、13.03s 和 51.75s。综上所述，GARCBA 的运行时间和总成本都优于对比算法。

为了进一步说明所提出的方法的优越性，表 6-4 提供了 25 次运行中的统计结果。GARCBA 的最小值、中值、最大值和平均值分别为 10179.52 美元/h、10209.21 美元/h、10297.29美元/h和10234.96美元/h，这些值都小于其他三个对比算法得到的结果。在运行时间方面，GARCBA的平均运行时间为36.24s，而其他三种算法中最短的平均运行时间为40.84s，这进一步说明了所提出的方法可以稳定节约运行时间。GARCBA计算高效的主要原因是集成了基于SAMP采样策略的GRNN代理模型。此外，在25次运行中，GARCBA的最优解和最劣解之间的差值仅为117.77美元/h。这是因为ESE可以有效地提高算法的鲁棒性，并且所提出的自适应蝙蝠算法可以进一步提高优化性能。

表6-4　情况1-1的25次运行中的统计数据

| 算法 | 燃料成本/（美元/h） | | | | 平均运行时间/s |
|---|---|---|---|---|---|
| | 最小值 | 中值 | 最大值 | 平均值 | |
| GARCBA | 10179.52 | 10209.21 | 10297.29 | 10234.96 | 36.24 |
| GA | 10485.59 | 10553.75 | 10637.39 | 10556.12 | 41.93 |
| PSO | 10440.37 | 10547.67 | 10646.60 | 10547.59 | 40.84 |
| CSO | 10445.87 | 10569.72 | 10628.48 | 10559.04 | 82.57 |

**2. 情况1-2：考虑所有约束**

与情况1-1相比，在情况1-2中额外考虑了阀点效应，其他参数与情况1-1相同。表6-5显示了25次运行中的最优解。由于阀点效应的影响，最低总成本为10388.99美元/h，相较于不考虑阀点效应的最优解多了209.47美元/h。与遗传算法获得的最低总成本10440.68美元/h相比，GARCBA的最低总成本降低了51.69美元/h。此外，GARCBA的运行时间是35.37s，而其他三种算法中最短的运行时间为37.99s。

表6-5　情况1-2的最优解（功率单位为MW，成本单位为美元/h，运行时间单位为s）

| 项目 | GARCBA | GA | PSO | CSO |
|---|---|---|---|---|
| $P_1$ | 835.84 | 661.81 | 709.40 | 844.05 |
| $P_2$ | 10.97 | 90.00 | 90.00 | 51.81 |
| $P_3$ | 123.97 | 300.00 | 300.00 | 164.38 |
| $P_4$ | 275.65 | 400.00 | 400.00 | 251.63 |
| $P_5$ | 1.00 | 10.00 | 10.00 | 7.56 |
| $P_6$ | 3.00 | 23.00 | 23.00 | 14.94 |
| $P_7$ | 159.70 | 240.00 | 240.00 | 174.35 |
| $P_8$ | 5.00 | 50.00 | 50.00 | 27.46 |
| $P_9$ | 108.84 | 200.00 | 200.00 | 167.80 |
| $P_{10}$ | 23.58 | 200.00 | 198.33 | 137.47 |
| $P_{11}$ | 304.82 | 400.00 | 392.97 | 221.78 |
| $P_{12}$ | 229.12 | 397.96 | 320.45 | 341.58 |
| $P_{13}$ | 331.83 | 171.04 | 330.38 | 366.55 |

（续）

| 项目 | GARCBA | GA | PSO | CSO |
|---|---|---|---|---|
| $P_{14}$ | 550.53 | 312.60 | 207.95 | 424.08 |
| $P_{15}$ | 1.00 | 3.65 | 4.08 | 3.51 |
| $P_{16}$ | 660.99 | 492.14 | 263.21 | 263.52 |
| $P_{17}$ | 184.97 | 48.90 | 52.53 | 184.45 |
| $P_{18}$ | 58.80 | 7.72 | 25.46 | 19.41 |
| $P_{19}$ | 8.83 | 18.24 | 35.41 | 13.20 |
| $P_L$ | 160.5964 | 359.09 | 185.23 | 11.65 |
| 总成本 | 10388.99 | 10440.68 | 10621.19 | 10479.25 |
| 运行时间 | 35.37 | 37.99 | 39.62 | 86.13 |

表 6-6 给出了 25 次运行中的统计结果。GARCBA 在 25 次运行中的平均燃料成本为 10476.91 美元/h，低于其他三种算法的最低平均燃料成本 10556.10 美元/h，且 GARCBA 的最小运行时间为 33.47s。

表 6-6　情况 1-2 的 25 次运行中的统计数据

| 算法 | 燃料成本/（美元/h） | | | | 平均运行时间/s |
|---|---|---|---|---|---|
| | 最小值 | 中值 | 最大值 | 平均值 | |
| GARCBA | 10388.99 | 10461.89 | 10633.05 | 10476.91 | 33.47 |
| GA | 10440.68 | 10562.40 | 10622.96 | 10556.10 | 42.37 |
| PSO | 10621.19 | 10852.95 | 11017.31 | 10843.59 | 44.86 |
| CSO | 10479.25 | 10567.57 | 10619.97 | 10558.45 | 87.34 |

## 6.5.2　案例 2：IEEE 300 节点系统

为了进一步测试 GARCBA 在解决大规模高维度经济调度问题时的性能，这里使用 IEEE 300 节点系统进行测试。IEEE 300 节点系统的发电机数和总负荷分别为 57 个和 23525.85MW。其他参数取自 MATPOWER 的 IEEE 300 节点系统。此案例主要是为了展示 GARCBA 求解大规模高维度经济调度问题时的性能，因此不考虑传输线路损耗、爬坡限制和禁止操作区域等约束。

在 25 次独立实验下，GARCBA 以及对比算法的详细仿真结果见表 6-7。GARCBA 获得的最低总成本为 55724.11 美元/h，低于其他三种算法的最低总成本。GARCBA、GA、PSO 和 CSO 的运行时间分别为 86.09s、150.99s、199.23s 和 306.92s。从求解的运行时间角度来看，GARCBA 所花费的时间分别为 GA 的 57.01%，PSO 的 43.21%，CSO 的 28.04%。GARCBA 在总成本和运行时间方面优于其他三种算法的结果。

表 6-7　案例 2 的最优解（功率单位为 MW，成本单位为美元/h，运行时间单位为 s）

| 项目 | GARCBA | GA | PSO | CSO |
|---|---|---|---|---|
| $P_1$ | 354.582 | 393.5106 | 359.4381 | 190.392 |
| $P_2$ | 293.9358 | 299.9723 | 300 | 300 |
| $P_3$ | 392.9603 | 400 | 400 | 400 |
| $P_4$ | 193.147 | 200 | 200 | 200 |
| $P_5$ | 238.4551 | 250 | 250 | 250 |
| $P_6$ | 1742.679 | 2030 | 2030 | 2030 |
| $P_7$ | 355.4753 | 397.546 | 400 | 400 |
| $P_8$ | 282.7095 | 400 | 400 | 400 |
| $P_9$ | 699.2569 | 800 | 800 | 800 |
| $P_{10}$ | 168.8008 | 200 | 199.1542 | 200 |
| $P_{11}$ | 257.8958 | 350 | 350 | 350 |
| $P_{12}$ | 133.7134 | 250 | 250 | 250 |
| $P_{13}$ | 425.6835 | 500 | 500 | 500 |
| $P_{14}$ | 210.8121 | 317.64 | 350 | 350 |
| $P_{15}$ | 169.0739 | 350 | 350 | 350 |
| $P_{16}$ | 233.6766 | 350 | 350 | 350 |
| $P_{17}$ | 104.3597 | 200 | 200 | 200 |
| $P_{18}$ | 199.6821 | 300 | 300 | 300 |
| $P_{19}$ | 1201.786 | 1300 | 1300 | 1268.316 |
| $P_{20}$ | 1026.024 | 1281.874 | 1300 | 1283.139 |
| $P_{21}$ | 547.081 | 577.0595 | 599.4544 | 567.2503 |
| $P_{22}$ | 1493.328 | 1943.814 | 1526.572 | 1692.191 |
| $P_{23}$ | 302.9981 | 596.0409 | 181.8243 | 508.6561 |
| $P_{24}$ | 275.1108 | 172.6197 | 275.7188 | 339.1954 |
| $P_{25}$ | 174.659 | 133.006 | 178.8318 | 168.1345 |
| $P_{26}$ | 469.8748 | 554.8653 | 238.6719 | 406.771 |
| $P_{27}$ | 232.6981 | 210.7957 | 310.4578 | 258.768 |
| $P_{28}$ | 369.1936 | 230.7717 | 235.9691 | 174.2875 |
| $P_{29}$ | 283.9645 | 322.1955 | 500 | 180.7356 |
| $P_{30}$ | 342.2695 | 269.8639 | 324.3155 | 122.3054 |
| $P_{31}$ | 561.3412 | 115.7635 | 93.65936 | 287.6938 |
| $P_{32}$ | 195.6188 | 199.1885 | 57.93144 | 332.8522 |
| $P_{33}$ | 587.0664 | 300.284 | 333.6835 | 247.1472 |
| $P_{34}$ | 509.709 | 81.23075 | 252.3546 | 397.4219 |
| $P_{35}$ | 153.2097 | 212.9544 | 282.3375 | 135.6111 |
| $P_{36}$ | 92.08337 | 147.2136 | 148.1112 | 140.9764 |

（续）

| 项目 | GARCBA | GA | PSO | CSO |
|---|---|---|---|---|
| $P_{37}$ | 464.2269 | 516.2926 | 144.4605 | 380.1493 |
| $P_{38}$ | 677.3222 | 689.8693 | 152.1589 | 444.3357 |
| $P_{39}$ | 1092.733 | 1214.487 | 246.0885 | 1048.354 |
| $P_{40}$ | 202.0599 | 60.7834 | 139.0971 | 286.2965 |
| $P_{41}$ | 303.9802 | 482.5769 | 279.3574 | 362.8148 |
| $P_{42}$ | 409.9357 | 500 | 83.22288 | 304.1873 |
| $P_{43}$ | 146.0385 | 269.3462 | 227.44 | 178.8708 |
| $P_{44}$ | 264.8627 | 113.6214 | 176.6205 | 287.0719 |
| $P_{45}$ | 417.4556 | 506.309 | 129.8272 | 203.2676 |
| $P_{46}$ | 94.71314 | 64.0114 | 13.7 | 45.54014 |
| $P_{47}$ | 1317.241 | 2221.699 | 2400 | 1711.677 |
| $P_{48}$ | 72.969 | 18.96065 | 139.5405 | 102.8924 |
| $P_{49}$ | 131.2713 | 63.00878 | 56.83109 | 76.28427 |
| $P_{50}$ | 240.6298 | 404.921 | 271.216 | 178.8983 |
| $P_{51}$ | 410.8892 | 191.24 | 87.98906 | 312.903 |
| $P_{52}$ | 197.8443 | 224.262 | 121.1915 | 210.3146 |
| $P_{53}$ | 1073.71 | 1400 | 1385.456 | 171.8589 |
| $P_{54}$ | 444.9745 | 498.4523 | 299.312 | 633.2684 |
| $P_{55}$ | 756.3962 | 692.8826 | 900.8956 | 611.6539 |
| $P_{56}$ | 138.4018 | 65.99148 | 134.9442 | 105.0281 |
| $P_{57}$ | 58.05717 | 68.1583 | 90.23427 | 29.95026 |
| $P_{L}$ | 664.77 | 3379.23 | 82.21 | 491.61 |
| 总成本 | 55724.11 | 56893.90 | 56980.33 | 57004.06 |
| 运行时间 | 86.09 | 150.99 | 199.23 | 306.92 |

为了说明 GARCBA 在解决 IEEE 300 节点系统的经济调度时的稳定性，25 次的运行的统计数据见表 6-8。在 25 次运行中，最低燃料成本的最优解和最劣解之间的差异仅为 4985.71 美元/h，而其他三种算法的差异分别为 7113.43 美元/h、7037.6 美元/h 和 6663.88 美元/h。GARCBA 的平均最低燃料成本也远低于其他三种算法的结果。通过上述分析，可以确定在解决大规模高维度经济调度问题时，GARCBA 的随机性更低，鲁棒性更强。这是因为 ESE 方法有效地评估了种群的状态并且自适应地更新了随机黑洞模型的有效作用半径，这提高了算法的鲁棒性、收敛速度和收敛性。此外，GARCBA 在 25 次运行中的平均运行时间仅为 88.29s，比其他三种算法要短得多。这主要是因为基于 SAMP 采样策略的 GRNN 可以在保证高拟合精度的前提下有效地减少评估时间，从而缩短整体运行时间。基于以上分析，可以明显看出，GARCBA 更适合解决大规模高维度经济调度问题。

表 6-8　案例 2 的 25 次运行的统计数据

| 算法 | 燃料成本/(美元/h) | | | | 平均运行时间/s |
| --- | --- | --- | --- | --- | --- |
| | 最小值 | 中值 | 最大值 | 平均值 | |
| GARCBA | 55724.11 | 58106.37 | 60709.82 | 57996.27 | 88.29 |
| GA | 56893.91 | 58668.93 | 64007.34 | 60351.17 | 164.47 |
| PSO | 56980.33 | 60400.96 | 64017.93 | 60611.33 | 166.51 |
| CSO | 57004.06 | 59227.10 | 63667.94 | 60274.10 | 319.06 |

### 6.5.3　案例 3：IEEE 40 机组系统

IEEE 40 机组系统包含 40 个发电机并考虑了阀点效应，在该系统上进行仿真可以进一步展示 GARCBA 的优越性。IEEE 40 机组系统的负荷需求为 10500MW。为了方便与其他算法进行对比，这里不考虑传输损耗约束。为增加仿真结果的说服力，目标函数是否考虑阀点效应被视作两个不同的情况。相关参数的设置与案例 1 中的设置一致，但由于发电机数量的增加，迭代次数设置为 100。

**1. 情况 3-1：标准 IEEE 40 机组系统**

图 6-3 所示为 GARCBA 和 BA 的收敛曲线。可见，在高维度问题中，与 BA 相比，GARCBA 可获得更低的成本。表 6-9 显示了 IEEE 40 机组系统中 GARCBA、BA 和 BA-Penalty 的对比结果，其中 GARCBA 获得了最低总成本。表 6-9 显示，与其他算法相比，GARCBA 在最小总成本方面产生了更好的结果，最佳总成本为 121563.2091 美元/h。表 6-10 显示了 GARCBA 运行 25 次后与其他算法的最优解。尽管 GARCBA 的稳定性略逊于 MBA，但 GARCBA 在总成本方面表现得更好，且 GARCBA 的平均运行时间是 32.5984s。

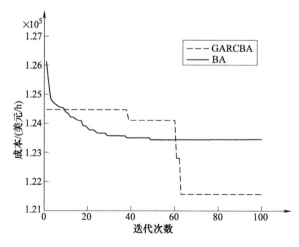

图 6-3　GARCBA 和 BA 的收敛曲线

表 6-9　情况 3-1 的最优解（功率单位为 MW，成本单位为美元/h）

| 项目 | GARCBA | BA | BA-Penalty | 项目 | GARCBA | BA | BA-Penalty |
|------|--------|-----|-----------|------|--------|-----|-----------|
| $P_1$ | 67.3344 | 113.1233 | 111.9952 | $P_{22}$ | 546.3573 | 545.562 | 523.2868 |
| $P_2$ | 86.1292 | 111.4569 | 110.9453 | $P_{23}$ | 496.7465 | 545.9307 | 523.2973 |
| $P_3$ | 118.6434 | 120 | 97.39597 | $P_{24}$ | 501.5560 | 543.7959 | 514.5068 |
| $P_4$ | 172.6246 | 179.9948 | 179.7417 | $P_{25}$ | 546.5400 | 549.7956 | 523.2821 |
| $P_5$ | 57.7019 | 97 | 88.92837 | $P_{26}$ | 533.9505 | 543.9368 | 523.8991 |
| $P_6$ | 130.0937 | 139.9736 | 105.4038 | $P_{27}$ | 121.3725 | 10 | 10.00444 |
| $P_7$ | 292.4075 | 300 | 259.6279 | $P_{28}$ | 78.7507 | 10.04373 | 9.999218 |
| $P_8$ | 251.1615 | 296.7893 | 284.6572 | $P_{29}$ | 98.2577 | 10.00774 | 9.999577 |
| $P_9$ | 260.2802 | 292.5603 | 284.6307 | $P_{30}$ | 89.8568 | 96.83174 | 89.70938 |
| $P_{10}$ | 245.6100 | 130.0603 | 131.9808 | $P_{31}$ | 183.2669 | 189.9952 | 110.7659 |
| $P_{11}$ | 215.7838 | 94 | 168.7988 | $P_{32}$ | 76.9153 | 189.8675 | 191.6123 |
| $P_{12}$ | 368.1091 | 94.1694 | 318.3965 | $P_{33}$ | 162.4044 | 190 | 191.5734 |
| $P_{13}$ | 250 | 484.0661 | 375.8561 | $P_{34}$ | 159.7818 | 199.9782 | 164.8092 |
| $P_{14}$ | 200 | 125.0045 | 394.2805 | $P_{35}$ | 183.9541 | 199.9634 | 165.5802 |
| $P_{15}$ | 425.2913 | 125.0941 | 125.0027 | $P_{36}$ | 186.7423 | 200 | 164.9268 |
| $P_{16}$ | 214.1350 | 304.6026 | 394.2744 | $P_{37}$ | 101.6365 | 110 | 90.73679 |
| $P_{17}$ | 434.3557 | 489.5124 | 489.2821 | $P_{38}$ | 77.0279 | 110 | 111.304 |
| $P_{18}$ | 469.7557 | 489.3235 | 489.3007 | $P_{39}$ | 105.4998 | 110 | 111.1426 |
| $P_{19}$ | 503.7925 | 547.7208 | 511.2816 | $P_{40}$ | 433.9072 | 511.3088 | 511.3018 |
| $P_{20}$ | 523.5192 | 549.9241 | 511.2772 | 总成本 | 121563.2091 | 123757.39 | 122936.74 |
| $P_{21}$ | 522.0699 | 548.6068 | 523.2853 | | | | |

表 6-10　情况 3-1 的 25 次运行的统计数据

| 算法 | 燃料成本/(美元/h) | | | 平均时间/s |
|------|------|------|------|-----------|
| | 最小值 | 平均值 | 最大值 | |
| GARCBA | 121563.2091 | 122432.1055 | 122089.762 | 32.5984 |
| BA | 123757.39 | 125979.26 | 128510.43 | — |
| BA-Penalty | 122936.74 | 126093.09 | 129218.58 | — |
| MBA | 121578.4856 | 121583.3047 | 121601.0042 | — |
| ESO | 122122.1600 | 123143.0700 | 122558.4565 | — |

**2. 情况 3-2：考虑阀点效应的 IEEE 40 机组系统**

为了使测试更加真实，在情况 3-2 中额外集成了阀点效应，GARCBA 的参数与情况 3-1 中相同。表 6-11 显示了分别使用 GARCBA、NGWO 和 PSO-LR 对情况 3-2 进行仿真的最优解，其中 GARCBA 获得的最佳总成本为 121768.1229 美元/h。为了进一步介绍 GARCBA 在求解大规模高维度经济调度问题方面的优越性能，表 6-12 对

GARCBA 和其他算法获得的统计结果进行了比较。在 25 次运行中，GARCBA 获得的最小值、最大值和平均值都优于其他算法。此外，最短的平均运行时间为 28.3488s，这也可以由 GARCBA 得到。

表 6-11　情况 3-2 的最优解（功率单位为 MW，成本单位为美元/h）

| 项目 | GARCBA | NGWO | PSO-LRS | 项目 | GARCBA | NGWO | PSO-LRS |
|---|---|---|---|---|---|---|---|
| $P_1$ | 95.3933 | 111.3177 | 111.9858 | $P_{22}$ | 546.3573 | 532.1443 | 523.4599 |
| $P_2$ | 91.3479 | 112.7551 | 110.5273 | $P_{23}$ | 496.7465 | 536.8421 | 523.4756 |
| $P_3$ | 106.9435 | 118.6377 | 98.5560 | $P_{24}$ | 501.5560 | 524.4669 | 523.7032 |
| $P_4$ | 164.2468 | 183.3649 | 182.9622 | $P_{25}$ | 546.5400 | 525.2461 | 523.7854 |
| $P_5$ | 84.5461 | 91.8097 | 87.7254 | $P_{26}$ | 533.9505 | 529.3289 | 523.2757 |
| $P_6$ | 121.5171 | 104.3697 | 139.9933 | $P_{27}$ | 121.3725 | 9.9500 | 10.0000 |
| $P_7$ | 233.2553 | 297.6533 | 259.6628 | $P_{28}$ | 78.7507 | 9.9500 | 10.6251 |
| $P_8$ | 297.5397 | 289.4349 | 297.7912 | $P_{29}$ | 98.2577 | 9.9500 | 10.0727 |
| $P_9$ | 271.7046 | 298.4044 | 284.8459 | $P_{30}$ | 89.8568 | 88.4106 | 51.3321 |
| $P_{10}$ | 266.2047 | 129.3500 | 130.0000 | $P_{31}$ | 183.2669 | 188.9088 | 189.8048 |
| $P_{11}$ | 215.7838 | 241.9702 | 94.6741 | $P_{32}$ | 76.9153 | 188.8126 | 189.7386 |
| $P_{12}$ | 368.1091 | 166.9113 | 94.3734 | $P_{33}$ | 162.4044 | 186.9624 | 189.9122 |
| $P_{13}$ | 250 | 214.8490 | 214.7369 | $P_{34}$ | 159.7818 | 195.0897 | 199.3258 |
| $P_{14}$ | 200 | 215.6690 | 394.1370 | $P_{35}$ | 183.9541 | 171.5047 | 199.3065 |
| $P_{15}$ | 425.2913 | 305.6922 | 483.1816 | $P_{36}$ | 186.7423 | 176.1085 | 192.8977 |
| $P_{16}$ | 214.1350 | 394.6479 | 304.5381 | $P_{37}$ | 101.6365 | 89.5297 | 109.8628 |
| $P_{17}$ | 434.3557 | 494.7618 | 489.2139 | $P_{38}$ | 77.0279 | 89.3589 | 111.304 |
| $P_{18}$ | 469.7557 | 493.1559 | 489.6154 | $P_{39}$ | 105.4998 | 109.3222 | 92.8751 |
| $P_{19}$ | 503.7925 | 512.7416 | 511.1782 | $P_{40}$ | 433.9072 | 512.5412 | 511.6883 |
| $P_{20}$ | 523.5192 | 520.8929 | 511.7336 | 成本 | 121768.1229 | 121881.81 | 122035.7946 |
| $P_{21}$ | 522.0699 | 526.1137 | 523.4072 | | | | |

表 6-12　情况 3-2 的 25 次运行的统计数据

| 算法 | 燃料成本/(美元/h) | | | 平均运行时间/s |
|---|---|---|---|---|
| | 最小值 | 平均值 | 最大值 | |
| GARCBA | 121768.1229 | 121864.9455 | 121864.9455 | 28.3488 |
| NGWO | 121881.81 | 122787.77 | —— | —— |
| PSO-LRS | 122035.7946 | 122558.4565 | —— | —— |
| IGA | 121915.93 | 122811.41 | —— | —— |
| PSO | 123930.45 | 124154.49 | 123143.0700 | 933.39 |
| CJAYA | 121799.88 | 122581.85 | —— | —— |
| CPSO | 121865.23 | 122100.87 | —— | 114.65 |
| DES-SQP | 121741.9793 | 122295.1278 | 122981.5913 | 386.1809 |

在本章中，为了在短时间内求解大规模高维度经济调度问题，提出了一种代理辅助自适应蝙蝠算法，并将其应用于 IEEE 118 节点系统、IEEE 300 节点系统和 IEEE 40 机组系统。GRNN 被用来近似大规模高维度经济调度的燃料成本函数，以降低获得适应度值的计算时间。此外，一种自适应的最小化预测器采样策略被集成到原始 GRNN 中，由此在线提高 GRNN 代理模型的精度。通过使用 GRNN 代理模型，减少了大量的运行时间。为了更稳定地获得收敛性更好的大规模高维度经济调度的解，GARCBA 被提出并用来执行该优化。与原来的 RCBA 相比，其对 ESE 的集成提升了自身的鲁棒性，此外，GARCBA 首创性地提出了平均进化因子，用以自适应更新随机黑洞模型的有效作用半径。仿真实验说明了 GARCBA 在求解大规模高维度经济调度问题时的优越性。

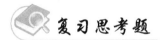

1. 本章在经典经济调度模型上还考虑了哪些因素？这些因素分别对模型和求解方法有什么影响？

2. 本章使用了自适应蝙蝠算法，针对经济调度问题，该算法有什么特点？

3. 本章提出的改进蝙蝠算法与经典蝙蝠算法和第 3 章提出的蝙蝠算法（RCBA）有什么不同？

4. 在优化过程中，候选解一般是如何分布的？

5. 本章使用的进化状态评估法的主要依据是什么？它作用在了蝙蝠算法的哪个部分？实现了什么作用？

6. 根据进化状态评估法的原理和本章使用的方法，尝试是否可以将该方法融合到其他智能优化算法中。

7. 本章使用的代理辅助优化方法解决了什么问题？实现了什么功能？

8. 本章为什么使用广义回归神经网络？它有什么特点？是否有性能更好的代理模型可用于电力系统经济调度问题？

9. 一般的数据驱动代理模型可以分为在线式和离线式两类，本章用的是哪一种？这两种模型各有什么特点？

10. 本章中的信赖域策略是如何作用的？如何使代理模型在线更新？

11. 若想构建一个高质量的数据驱动代理辅助优化方法，可以从哪些方面入手？

# 第 7 章

# 多区域联合经济/排放调度问题的数据驱动优化方法研究

为了给电力系统优化管理和运行提供更多的可行方案，各地区电网的互通互联成为发展的必由之路。因此，多区域联合经济/排放调度（Multi-Area Combined Economic Emission Dispatch，MACEED）问题的重要程度显著提升。然而，由于 MACEED 问题的决策变量维度不断增大，现有的解决方案很难在调度周期内获得切实可行的调度决策。在这种背景下，MACEED 问题就被转化为了大规模（计算昂贵）、高维度的 MACEED 问题。为解决上述问题，本章提出了一种数据驱动代理辅助的优化方法。首先，本章提出了一种基于特征工程的支持向量回归（Support Vector Regression，SVR）代理模型，以代替传统的 MACEED 问题的目标函数；在此基础上，本章提出了一种冰冻–微调的知识蒸馏机制，以此减少代理模型的建模时间；接着，本章改进了原有的快速非支配遗传算法-Ⅲ（Non-Dominated Sorting Genetic Algorithm-Ⅲ，NSGA-Ⅲ）用以执行 MACEED 问题的优化，所提算法增强了帕累托最优前沿的收敛性和多样性。

## 7.1　使用数据驱动方法解决 MACEED 问题的必要性

在现代电力系统中，MACEED 在运行和调度中承担着关键角色，其本质是一种将发电机分作若干组，每组发电机通过联络线连接的多区域调度。针对多区域经济/排放调度问题，其优化目标为在满足负载电力需求与运行安全的前提下，最大限度地同时降低燃料成本和污染气体排放量，所以 MACEED 问题可以被视作一类大规模高维度的多目标优化问题。一般来说，该问题的解决方案是寻找严格的帕累托支配关系，而进化算法恰好是确定帕累托支配关系的一种行之有效的手段，例如，差分进化粒子群优化器、生物启发的社会蜘蛛算法等。随着能源互联网的发展，不同区域电网之间的互联程度迅速提高，这导致多区域经济/排放调度问题的决策维度显著提升，原来的多区域经济/排放调度问题被转变为了大规模高维度多区域经济/排放调度问题（即计算昂贵多区域经济/排放调度问题）。进化算法在优化大规模高维度多区域经济/排放调度问题时通常存在精确性差、耗时长等特点，因而它们通常难以解决这种问题。即便如此，减少 MACEED 问题求解时间的研究仍未引起足够的重视，所以找到一种耗时短且计算准确的方案来解决所提问题刻不容缓。

近年来，数据驱动代理辅助优化方法被广泛用于解决计算昂贵的优化问题，这些方法侧重于用代理模型替代原来的目标函数，以减少计算时间。例如，为了获得电力系统的模态信息，人们使用了数据驱动代理辅助的电力系统线性模型辨识方法。具体为使用基于 Loewner 的频率插值拟合出一个可用于小信号分析研究的线性模型，相比其他传统方法，该方法具有较低的绝对误差。在非线性潮流计算方面，可以使用混合了线性回归与维度提升的数据驱动方法，在该方法中，潮流计算的非线性关系可被转化为线性映射来提升潮流计算的精度。在高维热轧带钢的优化设计中，可以采用人工神经网络模型作为优化的代理模型，该模型的使用减少了屈服强度、拉伸强度和延伸率等力学性能指标的预测误差。在化工方面，预测聚丙烯复合材料的性能可以使用混合了人工神经网络和主成分分析的数据驱动模型，该模型大幅减少了开发过程中的试错次数并提高了预测性能。综上所述，应用数据驱动代理辅助优化方法解决计算昂贵问题具有重要的理论和实际意义。

然而，建立一个合适的代理模型需要占用大量的时间和计算资源，为了节省建模的计算资源和时间，知识蒸馏技术在近年来成为研究热点。知识蒸馏技术可以在保留原模型的大部分性能的情况下，将知识从原模型（教师模型）转移到另一个模型（学生模型）中。例如，卷积神经网络（Convolutional Neural Network，CNN）正则化知识蒸馏框架可以被用来减少数据量限制对新目标任务的影响，在该框架中，保留源 CNN 的外层输出作为新目标任务中 CNN 的外层输出，该框架的使用能够以较低的计算资源和时间为新目标任务提供较高的精度。基于多教师的知识蒸馏方法被用来训练 CNN 模型，以此预测轴承故障，其利用动态重要度加权的方式将知识传递给 CNN，所提出的预测方法准确有效，并且大幅度降低了计算资源的消耗。知识蒸馏和迁移学习的结合方案可以用来识别多模态音乐情感，教师网络的特征提取部分被传递给学生网络，并采用指数移动平均的方法将知识从教师网络向学生网络蒸馏，以此获得的学生网络可以快速地分类不同的音乐风格。总体来说，知识蒸馏技术是实现快速建模的有力工具。

构建代理模型之后，可以利用合适的优化算法来执行多区域经济/排放调度的优化。例如，混合模拟退火算法和遗传算法的经济调度评价框架已被用来优化调度墨西哥的风力发电互联电网；Jaya 算法与鲁棒梯度搜索算法可以用来寻找多区域经济/排放调度问题的帕累托解集，该算法能够在满足安全约束的前提下快速、准确地找到稳健的全局帕累托解集；差分进化粒子群优化算法可以用来优化带有非光滑代价函数的 MACEED 问题，该算法能准确地得到质量较好的解；多层分布式多目标共识算法可以用来求解大规模高维度 MACEED 问题，该算法通过网络拓扑快速计算发电量，具有较高的信息保密性和较快的计算速度。综上所述，使用优化算法执行 MACEED 问题的优化是行之有效的。大规模高维度 MACEED 问题可以被拆分为三个部分来解决：首先，MACEED 中的原始目标函数需要被数据驱动的代理模型取代；其次，应用知识蒸馏技术构建代理模型；最后，采用适当的优化算法来执行 MACEED 问题的优化过程。

本章针对大规模高维度 MACEED 问题的快速准确求解中的关键难点，提出了一种数据驱动代理辅助优化方法，在采用改进的 NSGA-Ⅲ 进行优化的基础上，利用改进的支持向量回归模型替代原目标函数，为进一步缩短建模时间，知识蒸馏技术被用于建立代理模型。本章的主要内容如下：

1）使用改进的基于 SVR 的数据驱动代理模型来代替大规模高维度 MACEED 问题中的燃料成本函数和污染气体排放量函数，相比基础的 SVR 模型，本章提出一种全新的基于矩阵映射的特征工程，用来预处理发电机组的历史出力数据，具体来说，每一个发电机组的出力都被转换成自身和其他三个发电机组出力的平均值，换言之，真实发电机组的出力被转移到了几个虚拟发电机组中，所提出的特征工程提供了各发电机组共享负荷需求的电力系统运行信息，以提高 SVR 数据驱动代理模型的精度，同时，代理模型的使用大大减少了目标函数的计算时间，进而缩短了优化调度的执行时间。

2）为了进一步减少 MACEED 问题的运行时间，一种改进的知识蒸馏技术被用来减少代理模型的建模时间。首先，离线构建一个 SVR 数据驱动代理模型，并将其对应的分离超平面记录为教师模型；其次，利用满足实时约束条件的候选解数据集在线微调教师模型；最后，将原有的目标函数替换为微调过的 SVR 数据驱动代理模型。知识蒸馏技术在提升模型精度的同时，减少了改进的基于 SVR 的数据驱动代理模型的建模时间。

3）提出了一种基于"指数-逻辑-取模"映射的 ELM-算法 NSGA-Ⅲ（Exponent-Logistic-Modulo Map Non-Dominated Sorting Genetic Algorithm-Ⅲ），在执行 MACEED 问题的优化时，该算法的性能优于 NSGA-Ⅲ。一方面，具有混沌随机特性的混沌映射被用来替代变异步长，这有助于提高帕累托前沿的收敛性和多样性；另一方面，提出了名为"指数-逻辑-取模"映射的新型混沌映射，该混沌映射提高了全映射的参数选择范围。概括来说，ELM-NSGA-Ⅲ在执行 MACEED 问题的优化方面具有优秀的性能。

## 7.2 传统 MACEED 和大规模高维度 MACEED 数学模型的区别

### 7.2.1 传统的 MACEED 问题描述

本节介绍了传统的 MACEED 问题和大规模高维度 MACEED 问题。MACEED 问题的目标是确定整个区域中每个发电机的出力。然而，随着发电机数量的增加，这个目标会受到"维数诅咒"的影响。因此，本节提出了两个额外的任务来求解计算昂贵的 MACEED 问题（即大规模高维度 MACEED 问题）。第一个任务是建立代理模型来替换原来的函数，第二个任务是利用知识蒸馏技术实现快速建模。MACEED 问题的目标函数和约束条件具体如下。

**1. 目标函数**

（1）燃料成本函数

$$C(P) = \sum_{i=1}^{N} \sum_{j=1}^{N_g} (a_{ij}P_{ij}^2 + b_{ij}P_{ij} + c_{ij}) + \left| d_{ij}\sin\left[ e_{ij}(P_{ij}^{\min} - P_{ij}) \right] \right| \tag{7-1}$$

式中，$N$ 为区域的个数；$N_g$ 为某一个区域内的发电机数量；$P_{ij}$ 为区域 $i$ 中第 $j$ 台发电机的有功出力；$a_{ij}$、$b_{ij}$、$c_{ij}$、$d_{ij}$ 和 $e_{ij}$ 为区域 $i$ 中第 $j$ 台发电机的燃料成本函数的系数；$\left| d_{ij}\sin\left[ e_{ij}(P_{ij}^{\min} - P_{ij}) \right] \right|$ 为阀点效应引起的燃料成本的变化量。

（2）污染气体排放量函数

$$E(P) = \sum_{i=1}^{N} \sum_{j=1}^{N_g} 10^{-2}(\alpha_{ij}P_{ij}^2 + \beta_{ij}P_{ij} + \gamma_{ij}) + \varepsilon_{ij}\exp(\lambda_{ij}P_{ij}) \tag{7-2}$$

式中，$\alpha_{ij}$、$\beta_{ij}$、$\gamma_{ij}$、$\lambda_{ij}$ 和 $\varepsilon_{ij}$ 为区域 $i$ 中第 $j$ 台发电机的污染气体排放量函数的系数。

**2. 约束条件**

（1）火电机组容量约束

$$P_{ij}^{\min} \leqslant P_{ij} \leqslant P_{ij}^{\max} \tag{7-3}$$

式中，$P_{ij}^{\min}$ 为区域 $i$ 中第 $j$ 台发电机的有功出力下限，单位为 MW；$P_{ij}^{\max}$ 为区域 $i$ 中第 $j$ 台发电机的有功出力上限，单位为 MW。

（2）功率平衡约束

$$\sum_{i=1}^{N} P_i = P_{di} + P_{lossi} + \sum_{w=1,\ w \neq i}^{N} T_{iw} \tag{7-4}$$

式中，$P_{di}$ 为区域 $i$ 的总负荷需求；$P_{lossi}$ 为区域 $i$ 内的线损；$T_{iw}$ 为区域 $i$ 向区域 $w$ 传输的电能；$P_i$ 为区域 $i$ 中所有发电机的出力之和，并且 $P_i$ 可以被描述为

$$P_i = \sum_{j=1}^{M_i} P_{ij} \tag{7-5}$$

式中，$M_i$ 为区域 $i$ 中发电机的数量，线损可以使用 B 系数法求取，其描述为

$$P_{lossi} = \sum_{q=1}^{M_i} \sum_{j=1}^{M_i} P_{ij} B_{qj}^i P_{iq} + \sum_{j=1}^{M_i} B_{0j}^i P_{ij} + B_{00}^i \tag{7-6}$$

（3）区域联络线容量约束

$$-T_{ip}^{\max} \leqslant T_{ip} \leqslant T_{ip}^{\max} \tag{7-7}$$

式中，$T_{ip}$ 为区域 $i$ 和区域 $p$ 之间联络线上传输的电能；$T_{ip}^{\max}$ 为区域 $i$ 和区域 $p$ 之间联络线上的最大可传输电能。

（4）区域内旋转备用约束

$$\sum_{j=1}^{M_p} S_{pj} \geqslant S_{p,\text{req}} + \sum_{i,\ j \neq p} RC_{ip} \tag{7-8}$$

式中，$M_p$ 为区域 $p$ 中发电机的数量；$S_{pj}$ 为区域 $p$ 中第 $j$ 台发电机的剩余备用容量，它可以被描述为 $P_j^{\max} - P_j$；$S_{p,\text{req}}$ 为区域 $p$ 中需要的旋转备用；$RC_{ip}$ 为区域 $i$ 向区域 $p$ 提供的旋转备用。

（5）区域间旋转备用转移约束

$$\left| T_{ip} + RC_{ip} \right| \leqslant \left| T_{ip}^{\max} \right| \tag{7-9}$$

## 7.2.2　大规模高维度 MACEED 问题描述

MACEED 是一个高维度、大规模的优化问题，若重复计算适应度值要耗费大量时间，因此，考虑使用代理模型来替代原有的两个目标函数，具体描述为

$$\begin{cases} C(\cdot) \approx F_1(X_1,\ X_2,\ \cdots,\ X_n) \\ E(\cdot) \approx F_2(X_1,\ X_2,\ \cdots,\ X_n) \end{cases} \tag{7-10}$$

式中，$C(\cdot)$ 为原来的燃料成本函数的数学表达式；$E(\cdot)$ 为原来的污染气体排放量函数的数学表达式；$F_1(X_1,\ X_2,\ \cdots,\ X_n)$ 为 $C(\cdot)$ 的数据驱动代理模型；$F_2(X_1,\ X_2,\ \cdots,\ X_n)$ 为 $E(\cdot)$ 的数据驱动代理模型；$X_1,\ X_2,\ \cdots,\ X_n$ 为 $n$ 个可行调度方案，每个方案都是一种满足负荷需求的发电机出力组合。这是大规模高维度 MACEED 问题和传统 MACEED 问题的第一个区别。

为了进一步减少执行时间，如何缩短代理模型的建模时间就成了一个非常有意义的研究，因为历史代理模型和在线代理模型之间存在相似性，所以知识蒸馏技术可以用来辅助代理模型的快速建立，知识蒸馏技术如图 7-1 所示，这是大规模高维度 MA-CEED 问题与传统 MACEED 问题的第二个区别。

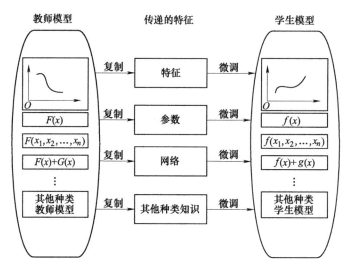

图 7-1　知识蒸馏技术

## 7.3　数据驱动代理辅助方案的具体架构

本节首先介绍如何使用改进的 SVR 代理模型替代燃料成本函数和污染气体排放量函数；然后，应用基于冰冻-微调的知识蒸馏技术快速构建代理模型；最后，提出一种改进的 NSGA-Ⅲ算法，用于求解大规模高维度 MACEED 问题。

### 7.3.1　基于特征工程的 SVR 数据驱动代理模型的建模方法

计算 MACEED 问题中目标函数的适应度值要花费大量的时间，这和调度周期短是矛盾的。为了克服这一缺点，基于特征工程的 SVR 数据驱动代理模型被用来替代两个目标函数。SVR 数据驱动代理模型的构建方法如图 7-2 所示。

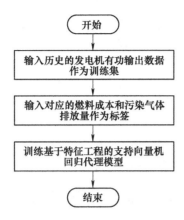

图 7-2　SVR 数据驱动代理模型的构建方法

下面以燃料成本函数为例来说明 SVR 数据驱动代理模型的建立方案，SVR 模型的超平面被描述为

$$f(x) = \omega^{\mathrm{T}} x + b \tag{7-11}$$

式中，$\omega$ 为分离超平面的法向量；$b$ 为距离项，它决定了分离超平面与原点之间的欧几里得距离；$x$ 为多区域经济/排放调度问题中的某一个可行调度决策。接下来，SVR 建模问题可以被描述为一个优化问题，即

$$\arg \min_{\omega, \, b} \frac{1}{2} \|\omega\|^2 + C \sum_{i=1}^{m} l(\varepsilon) \left[ f(x_i) - y_i \right] \tag{7-12}$$

式中，$x_i$ 为第 $i$ 个个体（空间中共计 $m$ 个个体）；$y_i$ 为 $x_i$ 对应的燃料成本函数值；$C$ 为一个惩罚参数；$\varepsilon$ 为 $f(x_i)$ 和 $y_i$ 之间的最大允许误差；$l(\varepsilon)$ 为 $\varepsilon$ 的不敏感损失。

接下来引入松弛变量 $\xi$ 和 $\hat{\xi}$，则式（7-12）可以被转化为

$$\begin{cases} \arg\min_{\omega, \, b, \, \xi, \, \hat{\xi}_i} \dfrac{1}{2} \|\omega\|^2 + C \sum_{i=1}^{m} (\xi_i - \hat{\xi}_i) \\[2mm] s.t. \, f(x_i) - y_i \leqslant \varepsilon + \hat{\xi}_i, \ y_i - f(x_i) \leqslant \varepsilon + \hat{\xi}_i, \ \xi_i \text{、} \hat{\xi}_i \geqslant 0, \ i = 1, \, 2, \, \cdots, \, m \end{cases}$$

$$\tag{7-13}$$

式中，$\hat{\xi}_i$ 为超过 $\varepsilon$ 的训练误差；$\xi_i$ 为低于 $\varepsilon$ 的训练误差。

接下来引入拉格朗日乘子，$\mu_i \geqslant 0$，$\hat{\mu}_i \geqslant 0$，$\alpha_i \geqslant 0$ 和 $\hat{\alpha}_i \geqslant 0$，根据拉格朗日乘子法，此拉格朗日方程可以被写为

$$L(\omega,\ b,\ \alpha,\ \hat{\alpha},\ \xi,\ \hat{\xi},\ \mu,\ \hat{\mu}) = \frac{1}{2}\|\omega\|^2 + C\sum_{i=1}^{m}(\xi_i + \hat{\xi}_i) - \sum_{i=1}^{m}\mu_i\xi +$$

$$\sum_{i=1}^{m}\alpha_i(f(x_i) - y_i - \varepsilon - \hat{\xi}_i) + \sum_{i=1}^{m}\hat{\alpha}_i(y_i - f(x_i) - \varepsilon - \hat{\xi}_i) \tag{7-14}$$

将 $L(\cdot)$ 对 $\omega,\ b,\ \xi$ 和 $\hat{\xi}_i$ 的偏导数设为 0 后，得到

$$\begin{cases} \omega = \sum_{i+1}^{m}(\alpha_i - \hat{\alpha}_i)\,x_i \\ 0 = \sum_{i=1}^{m}(\alpha_i - \hat{\alpha}_i) \\ C = \alpha_i + \mu_i \\ C = \hat{\alpha}_i + \hat{\mu}_i \end{cases} \tag{7-15}$$

接下来，SVR 问题的对偶问题可以被描述为

$$\begin{cases} \max_{\alpha,\ \hat{\alpha}} \sum_{i=1}^{m}(\hat{\alpha}_i - \alpha_i) - \varepsilon(\hat{\alpha}_i + \alpha_i) - \frac{1}{2}\sum_{i=1}^{m}\sum_{j=1}^{m}(\hat{\alpha}_i - \alpha_i)(\hat{\alpha}_j - \alpha_j)\,x_i^{\mathrm{T}}x_j \\ s.\ t.\ \sum_{i=1}^{m}(\hat{\alpha}_i - \alpha_i) = 0,\ 0 \leqslant \alpha_i,\ \hat{\alpha}_i \leqslant C \end{cases} \tag{7-16}$$

上述过程需满足卡罗需–库恩–塔克（Karush-Kuhn-Tucker，KKT）条件，即

$$\begin{cases} \alpha_i(f(x_i) - y_i - \varepsilon - \xi_i) = 0 \\ \hat{\alpha}_i(f(x_i) - y_i - \varepsilon - \hat{\xi}_i) = 0 \\ \alpha_i\hat{\alpha}_i = 0,\ \xi_i\hat{\xi}_i = 0 \\ (C - \alpha_i)\xi_i = 0,\ (C - \hat{\alpha}_i)\hat{\xi}_i = 0 \end{cases} \tag{7-17}$$

综上，SVR 代理模型可以被描述为

$$\begin{cases} f(x) = \sum_{i=1}^{m}(\alpha_i - \hat{\alpha}_i)\,x_i^{\mathrm{T}}x + b \\ b = y_i + \varepsilon - \sum_{i=1}^{m}(\alpha_i - \hat{\alpha}_i)\,x_i^{\mathrm{T}}x \end{cases} \tag{7-18}$$

　　相较于原来的 SVR 模型，一个基于映射的特征工程层被加入，该层受到电气连接的启发，可以被描述为图 7-3 所示的形态。在实际的电力系统中，电力负荷由一个区域内的所有发电机共同承担，然而，相应的先验知识难以直接通过 SVR 模型来学习，因此，提前输入"发电机之间具有电气连接"的先验知识是有意义的。为了获取先验知识，一个基于映射的特征工程层被集成到原来的 SVR 模型中，具体来说，就是将原来的单个发电机的有功输出替换为多个发电机有功输出的均值，该均值表示区域内发电机在电网中是有电气连接的。为了说明基于映射的特征工程层的有效性，这里将选取了不同数量发电机求取均值的 SVR 数据驱动代理模型的准确率进行了比较，即以不

受任何约束的 4 区域 40 发电机测试系统为例进行测试，所得对比仿真结果见表 7-1。可以看到，当选择的发电机数量为 4 的时候，代理模型获得了最高的准确率。基于该对比结果，集成了基于映射的特征工程层的 SVR 数据驱动代理模型是有效的，这提高了 SVR 代理模型的准确性，同时也是改进模型与传统 SVR 模型的核心区别。综上所述，采用基于特征工程的 SVR 数据驱动代理模型可以在更短时间内计算出目标函数的适应度值。

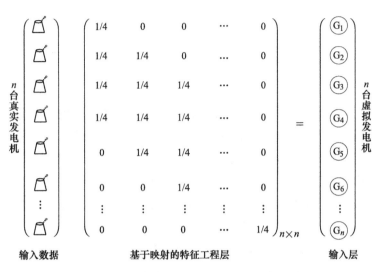

图 7-3　基于映射的特征工程层

表 7-1　SVR 数据驱动代理模型拟合的对比仿真结果

| 选择的发电机数量 | 燃料成本函数准确率（%） | 污染气体排放量函数准确率（%） |
| --- | --- | --- |
| 1 | 95.34 | 48.99 |
| 2 | 91.73 | 54.22 |
| 3 | 92.37 | 74.73 |
| 4 | 98.06 | 86.09 |
| 5 | 92.84 | 78.56 |
| 6 | 94.79 | 69.82 |

### 7.3.2　快速的知识蒸馏技术辅助在线代理模型的建模

SVR 模型的训练往往需要海量的历史数据，并需要对这些历史数据进行处理，这无疑将消耗大量的计算时间。为了解决这一问题，这里提出一种新的知识蒸馏技术来快速构建 SVR 代理模型，该技术如图 7-4 所示。首先，将之前训练好的 SVR 代理模型的超平面进行冰冻处理；然后，根据实时负荷需求和设备运行状态，对冰冻的超平面进行精细调整；最后，将微调后的超平面用于在线的 SVR 代理模型，该方法极大地减少了在线 SVR 代理模型的训练时间，进而减少了 MACEED 问题的执行时间。

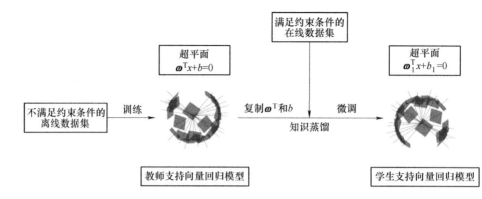

图 7-4    知识蒸馏技术

具体来说，教师 SVR 数据驱动代理模型的训练集是调度的历史数据；然后，冰冻教师 SVR 数据驱动代理模型的回归超平面；最后，利用冰冻的超平面和在线数据集，在满足当前电力负荷要求、运行工况和约束条件的情况下，以微调的方式对学生 SVR 数据驱动代理模型进行训练。为了验证知识蒸馏技术的有效性，使用具有不同约束条件的 4 区域 40 发电机测试系统进行仿真，仿真案例的约束条件设置见表 7-2，仿真对比见表 7-3。仿真对比表明了知识蒸馏技术的有效性。知识蒸馏技术一方面大大缩短了建模所需时间，另一方面提高了在线 SVR 数据驱动代理模型的准确性。综上，知识蒸馏技术是建立 MACEED 问题中 SVR 数据驱动代理模型的有效方法。

表 7-2    仿真案例的约束条件设置

| 约束条件 | 案例 1 | 案例 2 | 案例 3 |
|---|---|---|---|
| 火电机组容量约束 | √ | √ | √ |
| 功率平衡约束 | √ | √ | √ |
| 区域联络线容量约束 | √ | √ | √ |
| 线损 | | √ | √ |
| 区域内旋转备用约束 | | | √ |
| 区域间旋转备用转移约束 | | | √ |

表 7-3    SVR 数据驱动代理模型的知识蒸馏效果仿真对比

| 模型种类 | 指标 | 燃料成本函数 | | | 污染气体排放量函数 | | |
|---|---|---|---|---|---|---|---|
| | | 案例 1 | 案例 2 | 案例 3 | 案例 1 | 案例 2 | 案例 3 |
| 教师 SVR 数据驱动代理模型 | 建模时间/s | 0.0590 | 0.0590 | 0.0590 | 0.0499 | 0.0499 | 0.0499 |
| | 准确率 | 98.06% | 98.06% | 98.06% | 86.09% | 86.09% | 86.09% |
| 学生 SVR 数据驱动代理模型 | 建模时间/s | 0.0290 | 0.0082 | 0.0383 | 0.0083 | 0.0094 | 0.0275 |
| | 准确率 | 99.78% | 98.27% | 99.39% | 96.83% | 99.27% | 99.83% |

### 7.3.3　应用改进的 NSGA-Ⅲ执行 MACEED 优化任务

传统的 NSGA-Ⅲ存在一个缺陷，即搜索能力不充足，NSGA-Ⅲ的搜索能力主要表现在遗传变异上，然而其变异步长却被设置为了一个常量，这个固定的变异步长减少了搜索的随机性，从而造成搜索能力的不足。为了克服这一缺点，混沌映射可以被用来代替原有的变异步长，为了进一步提高搜索的随机性，这里提出一种新的且更具有随机性的混沌映射（指数−逻辑−取模映射）。图 7-5 所示为改进的 NSGA-Ⅲ（ELM-NSGA-Ⅲ）的流程，相较于传统的 NSGA-Ⅲ，其变异步长被指数−逻辑−取模映射代替，该映射的创建灵感来自于 Logistic 映射，其具体描述为

$$\begin{cases} C(t+1) = \mathrm{Mod}\{re^{c(t)}[1-e^{c(t)}],\ 1\} \\ C(0) = 1.5 \end{cases} \tag{7-19}$$

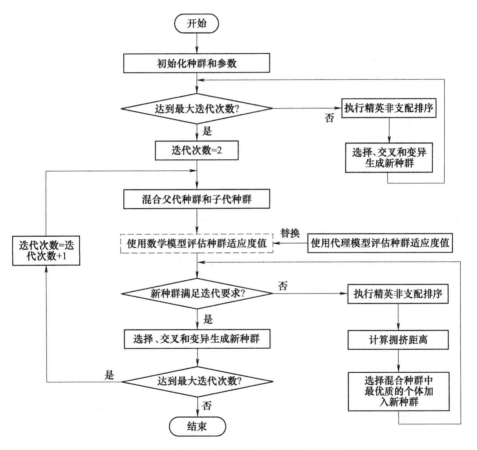

图 7-5　改进的 ELM-NSGA-Ⅲ的流程

为了说明指数−逻辑−取模映射的有效性，图 7-6 给出了该混沌映射对应的分岔图和李雅普诺夫指数谱，当参数在 [1.475，4] 区间中，系统处于混沌状态，该参数区间宽于原 Logistic 映射的参数区间，且映射范围也更广。综上所述，与 Logistic 映射相比，指数−逻辑−取模映射表现出更好的混沌性和随机性。

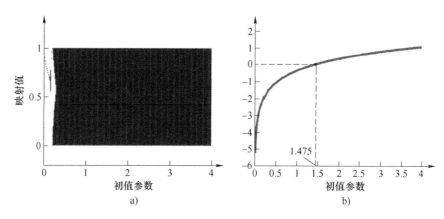

图 7-6　混沌映射对应的分岔图和李雅普诺夫指数谱

a）分岔图　b）李雅普诺夫指数谱

为了说明 ELM-NSGA-Ⅲ 的有效性，选取三个 DTLZ 测试函数进行测试，利用反世代距离（Inverse Generation Distance，IGD）的平均值和标准差衡量优化算法的性能。当目标数为 3 时的帕累托前沿如图 7-7 所示，当目标数是 8、10 和 15 时的算法性能比较结果见表 7-4。其中，表 7-4 中所有算法的种群大小 $N$ 均设定为 100，迭代次数设定为 500，具体的参数设置如下：

1）NSGA-Ⅲ：交叉概率为 1.0，变异概率为 $1/N$，交叉分布指数为 30，变异步长为 20。

2）MOEA/DD：交叉概率为 1.0，变异概率为 $1/N$，交叉分布指数为 30，变异步长为 20。惩罚参数为 5.0，邻域大小为 20，在邻域中进行选择的概率为 0.9。

3）SPEA/R：与 NSGA-Ⅲ 相同。

4）ELM-NSGA-Ⅲ：交叉概率为 1.0，变异概率为 $1/N$，交叉分布指数为 30，变异步长设置为"指数-逻辑-取模映射"。

表 7-4　IGD 的均值和标准差比较结果

| 测试函数 | 目标数 | 类型 | 所提算法 | NSGA-Ⅲ | MOEA/DD | SPEA/R |
|---|---|---|---|---|---|---|
| DTLZ1 | 8 | 均值 | $2.16×10^{-4}$ | $6.28×10^{-3}$ | $7.30×10^{-2}$ | 11.2 |
| | | 标准差 | $4.39×10^{-4}$ | $2.25×10^{-3}$ | $7.82×10^{-4}$ | 5.85 |
| | 10 | 均值 | $2.25×10^{-4}$ | $5.97×10^{-3}$ | $9.44×10^{-2}$ | 9.34 |
| | | 标准差 | $4.81×10^{-4}$ | $2.83×10^{-3}$ | $9.01×10^{-4}$ | 3.51 |
| | 15 | 均值 | $1.43×10^{-4}$ | $9.19×10^{-3}$ | 0.164 | 13.2 |
| | | 标准差 | $5.51×10^{-4}$ | $7.44×10^{-3}$ | $2.47×10^{-3}$ | 4.00 |
| DTLZ2 | 8 | 均值 | $1.63×10^{-4}$ | $2.50×10^{-2}$ | $3.75×10^{-2}$ | $8.19×10^{-2}$ |
| | | 标准差 | $2.20×10^{-3}$ | $2.11×10^{-3}$ | $1.09×10^{-3}$ | $1.40×10^{-2}$ |
| | 10 | 均值 | $2.81×10^{-4}$ | $2.89×10^{-3}$ | $3.32×10^{-2}$ | $7.38×10^{-2}$ |
| | | 标准差 | $1.72×10^{-5}$ | $2.44×10^{-3}$ | $5.84×10^{-4}$ | $8.28×10^{-3}$ |

（续）

| 测试函数 | 目标数 | 类型 | 所提算法 | NSGA-Ⅲ | MOEA/DD | SPEA/R |
|---|---|---|---|---|---|---|
| DTLZ2 | 15 | 均值 | $3.09×10^{-4}$ | $3.64×10^{-2}$ | $1.09×10^{-2}$ | 0.128 |
| | | 标准差 | $3.51×10^{-5}$ | $3.43×10^{-3}$ | $8.73×10^{-4}$ | $1.40×10^{-2}$ |
| DTLZ3 | 8 | 均值 | $3.90×10^{-4}$ | $6.45×10^{-2}$ | $5.07×10^{-2}$ | 112 |
| | | 标准差 | $7.62×10^{-4}$ | $2.10×10^{-2}$ | $5.07×10^{-3}$ | 36.8 |
| | 10 | 均值 | $3.93×10^{-4}$ | $4.28×10^{-2}$ | $3.71×10^{-2}$ | 100 |
| | | 标准差 | $2.62×10^{-3}$ | $1.33×10^{-2}$ | $1.86×10^{-3}$ | 26.4 |
| | 15 | 均值 | $8.98×10^{-4}$ | $5.98×10^{-2}$ | $1.48×10^{-2}$ | 82.3 |
| | | 标准差 | $7.11×10^{-3}$ | $2.94×10^{-2}$ | $1.46×10^{-3}$ | 26.4 |

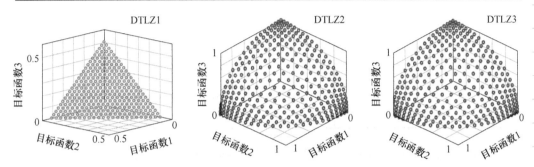

图 7-7　ELM-NSGA-Ⅲ在三个测试函数上的帕累托前沿

具体来说，在 DTLZ1、2 和 3 这三个典型的测试函数上进行对比测试，说明了 ELM-NSGA-Ⅲ相对于原始的 NSGA-Ⅲ等算法的优越性。为了更好地比较性能，每个测试函数考虑三个不同的目标数（即 8、10 和 15）。ELM-NSGA-Ⅲ集成了指数-逻辑-取模映射，使得它的收敛性和多样性大大提高，与其他三种算法相比，ELM-NSGA-Ⅲ算法获得的 IGD 均值和标准差更小，故该算法具有更优的收敛性和多样性。

其他三种算法普遍存在两个缺点：早期迭代的全局搜索能力不足、后期迭代的局部优化不精确。而 ELM-NSGA-Ⅲ因集成了指数-逻辑-取模映射的混沌随机特性，故其在早期迭代时具有较大的变异步长，这增强了算法的全局视野；同样，该算法在后期迭代时具有较小的变异步长，这使得算法可以在很小的搜索空间内进行优化，从而实现了精细化的局部优化。为了进一步验证指数-逻辑-取模映射的有效性，可将其他混沌映射集成到 NSGA-Ⅲ中来取代变异步长进行测试，相应均值和标准差见表 7-5。

表 7-5　不同混沌映射下 NSGA-Ⅲ得到的 IGD 的均值和标准差

| 测试函数 | 目标数 | 类型 | Logistic | Singer | Sine | 本章所提映射 |
|---|---|---|---|---|---|---|
| DTLZ1 | 8 | 均值 | $2.26×10^{-4}$ | $2.56×10^{-3}$ | $3.26×10^{-4}$ | $2.16×10^{-4}$ |
| | | 标准差 | $5.66×10^{-4}$ | $3.34×10^{-3}$ | $6.29×10^{-4}$ | $4.39×10^{-4}$ |
| | 10 | 均值 | $6.64×10^{-4}$ | $5.86×10^{-3}$ | $3.23×10^{-4}$ | $2.25×10^{-4}$ |
| | | 标准差 | $1.14×10^{-3}$ | $6.68×10^{-4}$ | $5.30×10^{-4}$ | $4.81×10^{-4}$ |

（续）

| 测试函数 | 目标数 | 类型 | Logistic | Singer | Sine | 本章所提映射 |
|---|---|---|---|---|---|---|
| DTLZ1 | 15 | 均值 | $2.20\times10^{-3}$ | $1.76\times10^{-2}$ | $2.40\times10^{-3}$ | $1.43\times10^{-4}$ |
| | | 标准差 | $2.89\times10^{-3}$ | $1.96\times10^{-2}$ | $3.09\times10^{-3}$ | $5.51\times10^{-4}$ |
| DTLZ2 | 8 | 均值 | $3.17\times10^{-4}$ | 0.611 | $3.38\times10^{-4}$ | $1.63\times10^{-4}$ |
| | | 标准差 | $3.22\times10^{-3}$ | 0.664 | $3.46\times10^{-3}$ | $2.20\times10^{-3}$ |
| | 10 | 均值 | $3.31\times10^{-4}$ | 0.564 | $3.43\times10^{-4}$ | $2.81\times10^{-4}$ |
| | | 标准差 | $3.32\times10^{-4}$ | 0.610 | $3.55\times10^{-4}$ | $1.72\times10^{-5}$ |
| | 15 | 均值 | $3.63\times10^{-4}$ | 0.527 | $3.58\times10^{-4}$ | $3.09\times10^{-4}$ |
| | | 标准差 | $3.67\times10^{-4}$ | 0.571 | $3.61\times10^{-4}$ | $3.51\times10^{-5}$ |
| DTLZ3 | 8 | 均值 | $3.22\times10^{-3}$ | 0.664 | $3.46\times10^{-3}$ | $2.20\times10^{-3}$ |
| | | 标准差 | $3.31\times10^{-4}$ | 0.564 | $3.43\times10^{-4}$ | $2.81\times10^{-4}$ |
| | 10 | 均值 | $3.32\times10^{-4}$ | 0.610 | $3.55\times10^{-4}$ | $1.72\times10^{-5}$ |
| | | 标准差 | $3.63\times10^{-4}$ | 0.527 | $3.58\times10^{-4}$ | $3.09\times10^{-4}$ |
| | 15 | 均值 | $3.67\times10^{-4}$ | 0.571 | $3.61\times10^{-4}$ | $3.51\times10^{-5}$ |
| | | 标准差 | $7.53\times10^{-3}$ | 0.810 | $8.28\times10^{-3}$ | $7.11\times10^{-3}$ |

在表 7-5 中，Singer 映射的应用降低了 NSGA-Ⅲ的收敛性和稳定性，这说明并不是所有混沌映射都适合替换变异步长。Sine 映射和 Logistic 映射的应用增强了原 NSGA-Ⅲ的收敛性和稳定性，取得改进的原因是这两种混沌映射具有低遗漏率、强随机性和高均匀性，更具体来说，这两种混沌映射在边界域上具有较大的驻留概率，这有利于算法在更广阔的空间中进行搜索，与上述三种混沌映射相比，指数-逻辑-取模映射具有更强的随机性，因此，用指数-逻辑-取模映射代替变异步长，能够更有效地提升 NSGA-Ⅲ的性能。

## 7.4 仿真结果

为了说明本章所提算法的有效性，一个带有不同约束条件的 4 区域 40 发电机测试系统被用来执行仿真，案例 1、2 和 3 中的不同约束条件设置见表 7-2。为了进一步说明所提方案的有效性，案例 4 在原测试系统基础上额外集成了随机风能。其中，有功功率、燃料成本、污染气体排放量和运行时间的单位分别为兆瓦（MW）、美元每小时（美元/h）、吨每小时（t/h）和秒（s）。在这些案例中，原始的燃料成本函数和污染气体排放量函数将被基于特征工程的 SVR 数据驱动代理模型取代，然后，在 ELM-NSGA-Ⅲ的参数中，种群规模为 100，迭代次数为 500，交叉概率为 1.0，变异概率为 0.01，交叉分布指数为 30，变异步长为 20。此外，外部精英档案被用来获得最终的帕累托前沿，且大小设置为 20。

### 7.4.1 案例 1：带有区域联络线容量约束的测试系统仿真

在本案例中，总负荷需求为 10500MW。如图 7-8 所示，共有 20 个非支配解生成，每个发电机的出力见表 7-6。在保证调度可行的前提下，这种解的生成模式提高了调度决策的灵活性。最小燃料成本为 124354.62 美元/h，最小污染气体排放量为 198498.58t/h。表 7-7 给出了本章算法的结果与 SOS、NSOS 和 MOCSO 的对比，SOS 和 NSOS 都会将多目标问题转化为单目标问题，为了保证比较的公平，它们的操作时间被扩大 20 倍，作为生成帕累托前沿的等价时间。对比分析分为成本、排放和运行时间三个方面。

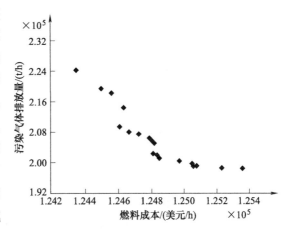

图 7-8　案例 1 的帕累托前沿

与 SOS、NSOS 和 MOCSO 相比，本章算法的燃料成本分别降低了 0.80%、0.87% 和 0.08%；污染气体排放量分别降低了 4.90%、2.45% 和 15.17%；最值得注意的是，本章算法运行时间仅为 32.28s，相较于其他算法，运行时间分别减少了 92.10%、92.40% 和 82.07%。综上所述，该算法在解决 MACEED 问题时获得了较好的结果。

与 SOS、NSOS 和 MOCSO 相比，本章算法对燃料成本值有较小程度的提高，利用该算法求出的燃料成本值是最小的。这要归功于在 ELM-NSGA-Ⅲ 中使用了指数-逻辑-取模映射，这为算法提供了精细化的局部优化能力，具体来说，当一个最优解被获得时，与其欧几里得距离较小的其他位置有极大的可能存在更好的解，那么利用非常小的变异步长就有可能搜索到这些更好的解，因此，该算法可以得到更精确的最优解。

表 7-6　案例 1 的仿真结果

| 项目 | 燃料成本 | 污染气体排放 | 项目 | 燃料成本 | 污染气体排放 | 项目 | 燃料成本 | 污染气体排放 | 项目 | 燃料成本 | 污染气体排放 |
|---|---|---|---|---|---|---|---|---|---|---|---|
| $P_1$ | 112.13 | 114.00 | $P_{13}$ | 395.51 | 395.51 | $P_{25}$ | 451.78 | 451.78 | $P_{37}$ | 98.59 | 103.19 |
| $P_2$ | 112.13 | 114.00 | $P_{14}$ | 395.51 | 395.51 | $P_{26}$ | 451.78 | 451.78 | $P_{38}$ | 95.58 | 103.19 |
| $P_3$ | 104.82 | 120.00 | $P_{15}$ | 395.51 | 395.51 | $P_{27}$ | 18.23 | 18.23 | $P_{39}$ | 98.58 | 103.19 |
| $P_4$ | 180.56 | 166.04 | $P_{16}$ | 395.51 | 395.51 | $P_{28}$ | 18.23 | 18.23 | $P_{40}$ | 513.80 | 441.77 |
| $P_5$ | 96.85 | 97.00 | $P_{17}$ | 457.76 | 457.76 | $P_{29}$ | 18.23 | 18.23 | $T_{12}$ | 112.38 | |
| $P_6$ | 139.85 | 122.61 | $P_{18}$ | 457.76 | 457.76 | $P_{30}$ | 97.00 | 97.00 | $T_{13}$ | 171.11 | |
| $P_7$ | 299.85 | 298.50 | $P_{19}$ | 502.38 | 502.38 | $P_{31}$ | 190.00 | 174.54 | $T_{14}$ | -100.00 | |
| $P_8$ | 291.16 | 298.09 | $P_{20}$ | 502.38 | 502.38 | $P_{32}$ | 190.00 | 174.54 | $T_{23}$ | 16.50 | |
| $P_9$ | 291.16 | 298.09 | $P_{21}$ | 451.78 | 451.78 | $P_{33}$ | 190.00 | 174.54 | $T_{24}$ | -100.00 | |
| $P_{10}$ | 130.00 | 130.17 | $P_{22}$ | 451.78 | 451.78 | $P_{34}$ | 165.14 | 200.00 | $T_{34}$ | -100.00 | |
| $P_{11}$ | 250.88 | 250.88 | $P_{23}$ | 451.78 | 451.78 | $P_{35}$ | 165.14 | 200.00 | | | |
| $P_{12}$ | 250.88 | 250.88 | $P_{24}$ | 451.78 | 451.78 | $P_{36}$ | 165.14 | 200.00 | | | |

注：最小燃料成本：124354.62 美元/h；最小污染气体排放量：198498.58t/h；运行时间：32.28s。

$P$ 代表发电机出力，$T$ 代表联络线上传输的功率。

表 7-7　案例 1 的对比结果

| 方法 | 最小燃料成本/(美元/h) | 最小污染气体排放量/(t/h) | 运行时间/s |
|---|---|---|---|
| ELM-NSGA-Ⅲ | 124354.62 | 198498.58 | 32.28 |
| SOS | 125359.42 | 208725.57 | 408.80 |
| NSOS | 125444.49 | 203497.70 | 425.20 |
| MOCSO | 124460.75 | 234003.70 | 180.00 |

　　本章算法得到了最小的污染气体排放量。与 SOS、NSOS 和 MOCSO 相比，其得到的最小污染气体排放量明显更优，这种改善归功于早期迭代中的高变异步长，利用 ELM-NSGA-Ⅲ 中的指数-逻辑-取模映射，可以获得更强大的全局搜索能力，这使得在全局搜索空间中找到更好的解决方案成为可能，图 7-9 所示为案例 1 中的燃料成本和污染气体排放量收敛曲线。

　　在操作时间方面，本章算法获得最优帕累托前沿仅需 32.28s，与 MOCSO 相比，运行时间减少了 80% 以上；与 SOS 和 NSOS 相比，运行时间减少了超过 90%，省时的特性是使用代理模型（即基于特征工程的 SVR 数据驱动代理模型）的结果。为了进一步介绍代理模型的省时性，原来的目标函数与代理模型的平均运行时间比较结果见表 7-8，平均运行时间由 10000 次独立测试获得，相比原来的目标函数，代理模型的运行时间非常短。

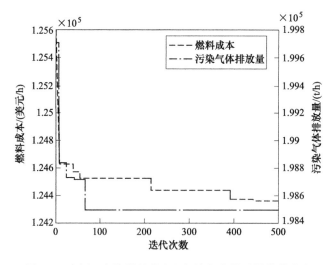

图 7-9　案例 1 中的燃料成本和污染气体排放量收敛曲线

　　在 MACEED 的优化过程中，计算目标函数的适应度值占用了大量的运行时间。然而，过去的优化算法往往通过降低计算复杂度来节省执行时间。与数学表达的目标函数相比，代理模型的加入使得计算适应度值的时间缩短为不到原来的十分之一，这大大减少了 MACEED 的总体运行时间。基于以上分析，本章算法在获得一个优越的帕累托前沿的同时，可以在较短的运行时间内解决计算成本较高的 MACEED 问题。

为进一步揭示本章算法的有效性，表 7-9 给出了 20 次独立运行时最佳燃料成本、最佳污染气体排放量和最佳运行时间的统计结果，这进一步验证了将该算法应用于计算量大的 MACEED 问题，可以在获得较优帕累托前沿的同时大大缩短计算时间。

表 7-8　案例 1 中原来的目标函数与代理模型的平均运行时间（单位为 s）

| 项目 | 原来的目标函数 | 代理模型 |
|---|---|---|
| 燃料成本 | $2.85 \times 10^{-5}$ | $3.82 \times 10^{-7}$ |
| 污染气体排放量 | $9.48 \times 10^{-6}$ | $3.99 \times 10^{-7}$ |

表 7-9　20 次独立运行时案例 1 最佳燃料成本（美元/h）、最佳污染气体排放量（t/h）和最佳运行时间（s）的统计结果

| 项目 | 最大值/（美元/h） | 最小值/（美元/h） | 平均值/（美元/h） |
|---|---|---|---|
| 最佳燃料成本 | 125604.39 | 124354.62 | 125179.70 |
| 最佳污染气体排放量 | 207659.94 | 198498.58 | 200992.11 |
| 最佳运行时间 | 36.39 | 30.98 | 33.25 |

### 7.4.2　案例 2：带有区域联络线容量约束和线损的测试系统仿真

为了进一步说明所提算法的有效性，案例 2 在案例 1 中额外加入了线损约束，且总负荷需求仍为 10500MW。如图 7-10 所示，帕累托前沿上共有 20 个非支配解，且具体的发电机出力见表 7-10。最小燃料成本为 125509.09 美元/h，最小污染气体排放量为 193929.85t/h，二者对应的损失分别为 88.19MW 和 84.37MW。值得注意的是，运行时间只有 34.57s，即使和案例 1 中的 SOS、NSOS 和 MOCSO 比较，运行时间也分别减少了 91.54%、91.86% 和 80.79%。这进一步说明，利用数据驱动建模和知识蒸馏技术解决计算昂贵的 MACEED 问题，运行时间可以被大大缩短。

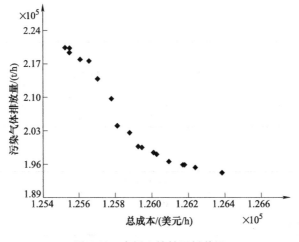

图 7-10　案例 2 的帕累托前沿

表 7-10 案例 2 的仿真结果

| 项目 | 燃料成本 | 污染气体排放量 | 项目 | 燃料成本 | 污染气体排放量 | 项目 | 燃料成本 | 污染气体排放量 | 项目 | 燃料成本 | 污染气体排放量 |
|------|---------|----------|------|---------|----------|------|---------|----------|------|---------|----------|
| $P_1$ | 112.41 | 111.57 | $P_{13}$ | 400.97 | 400.97 | $P_{25}$ | 449.23 | 449.23 | $P_{37}$ | 108.51 | 102.98 |
| $P_2$ | 112.41 | 111.57 | $P_{14}$ | 400.97 | 400.97 | $P_{26}$ | 449.23 | 449.23 | $P_{38}$ | 108.51 | 103.59 |
| $P_3$ | 100.98 | 117.64 | $P_{15}$ | 400.97 | 400.97 | $P_{27}$ | 22.44 | 22.44 | $P_{39}$ | 108.51 | 103.41 |
| $P_4$ | 180.12 | 180.36 | $P_{16}$ | 400.97 | 400.97 | $P_{28}$ | 22.44 | 22.44 | $P_{40}$ | 510.95 | 448.26 |
| $P_5$ | 95.77 | 96.79 | $P_{17}$ | 478.92 | 478.92 | $P_{29}$ | 22.44 | 22.44 | $T_{12}$ | 101.58 | |
| $P_6$ | 136.64 | 134.11 | $P_{18}$ | 478.92 | 478.92 | $P_{30}$ | 96.82 | 96.82 | $T_{13}$ | 193.12 | |
| $P_7$ | 277.46 | 297.71 | $P_{19}$ | 442.04 | 442.04 | $P_{31}$ | 187.09 | 175.28 | $T_{14}$ | −100.00 | |
| $P_8$ | 284.69 | 283.73 | $P_{20}$ | 442.04 | 442.04 | $P_{32}$ | 187.09 | 176.75 | $T_{23}$ | 5.28 | |
| $P_9$ | 284.69 | 283.73 | $P_{21}$ | 449.23 | 449.23 | $P_{33}$ | 187.09 | 173.63 | $T_{24}$ | −100.00 | |
| $P_{10}$ | 198.54 | 166.98 | $P_{22}$ | 449.23 | 449.23 | $P_{34}$ | 164.55 | 202.14 | $T_{34}$ | −100.00 | |
| $P_{11}$ | 301.75 | 301.75 | $P_{23}$ | 449.23 | 449.23 | $P_{35}$ | 164.55 | 200.49 | | | |
| $P_{12}$ | 301.75 | 301.75 | $P_{24}$ | 449.23 | 449.23 | $P_{36}$ | 164.55 | 202.28 | | | |

注：最小燃料成本：125509.09 美元/h；最小污染气体排放量：193929.85t/h；运行时间：34.57s。

$P$ 代表发电机出力，$T$ 代表联络线上传输的功率。

表 7-11 提供的 20 次独立运行的统计结果表明，该算法能够稳定、有效地解决大规模高维度 MACEED 问题，平均运行时间仅为 33.25s，最长运行时间为 36.39s。原来的目标函数与代理模型的平均运行时间比较结果见表 7-12，与案例 1 相同的是，通过使用基于特征工程的 SVR 数据驱动代理模型，可以大大减少运行时间；图 7-11 所示为案例 2 中的燃料成本和污染气体排放量收敛曲线，下面重点关注图 7-11 中圆圈内的部分曲线，可以看到频繁的微小波动在此处多次出现，这是由于 ELM-NSGA-Ⅲ 的随机变异导致大量粒子在局部执行了更为精细化的搜索。综上所述，本章算法能够在较短时间内解决大规模高维度 MACEED 问题。

表 7-11 20 次独立运行时案例 2 最佳燃料成本（美元/h）、最佳污染气体排放量（t/h）和最佳运行时间（s）的统计结果

| | 最大值 | 最小值 | 平均值 |
|------|--------|--------|--------|
| 最佳燃料成本 | 125604.39 | 124354.62 | 125179.70 |
| 最佳污染气体排放量 | 207659.94 | 198498.58 | 200992.11 |
| 最佳运行时间 | 36.39 | 30.98 | 33.25 |

表 7-12 案例 2 中原来的目标函数与代理模型的平均运行时间（单位为 s）

| 项目 | 原来的目标函数 | 代理模型 |
|------|--------------|---------|
| 燃料成本 | $2.85 \times 10^{-5}$ | $3.82 \times 10^{-7}$ |
| 污染气体排放量 | $9.48 \times 10^{-6}$ | $3.99 \times 10^{-7}$ |

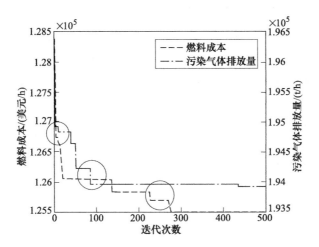

图 7-11 案例 2 中的燃料成本和污染气体排放量收敛曲线

### 7.4.3 案例 3：带有所有约束条件的测试系统仿真

在案例 3 中，负荷需求设定为 9000MW，图 7-12 所示为帕累托最优前沿的 20 个非支配解，具体的发电机出力见表 7-13，最小燃料成本为 108724.45 美元/h，最小污染气体排放量为 113131.72t/h，运行时间为 31.98s。本案例考虑了本章所提的全部约束条件，这与实际工况非常接近，即使与案例 1 中的 SOS、NSOS 和 MOCSO 进行比较，运行时间也分别减少了 92.18%、92.48% 和 82.23%。此外，表 7-14 提供了 20 次独立运行的统计结果，这些结果表明，该算法能够稳定有效地解决接近实际工况的 MACEED 问题。

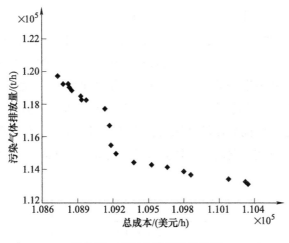

图 7-12 案例 3 的帕累托前沿

表 7-13　案例 3 的仿真结果

| 项目 | 燃料成本 | 污染气体排放量 | 项目 | 燃料成本 | 污染气体排放量 | 项目 | 燃料成本 | 污染气体排放量 | 项目 | 燃料成本 | 污染气体排放量 |
|---|---|---|---|---|---|---|---|---|---|---|---|
| $P_1$ | 102.33 | 101.06 | $P_{13}$ | 309.42 | 309.42 | $P_{25}$ | 383.28 | 383.28 | $P_{37}$ | 90.32 | 79.19 |
| $P_2$ | 102.33 | 100.15 | $P_{14}$ | 309.42 | 309.42 | $P_{26}$ | 383.28 | 383.28 | $P_{38}$ | 90.32 | 79.19 |
| $P_3$ | 93.41 | 102.48 | $P_{15}$ | 309.42 | 309.42 | $P_{27}$ | 10.21 | 10.21 | $P_{39}$ | 90.32 | 79.19 |
| $P_4$ | 130.08 | 133.53 | $P_{16}$ | 309.42 | 309.42 | $P_{28}$ | 10.21 | 10.21 | $P_{40}$ | 417.37 | 376.59 |
| $P_5$ | 87.27 | 101.19 | $P_{17}$ | 398.16 | 398.16 | $P_{29}$ | 10.21 | 10.21 | $T_{12}$ | 112.26 | |
| $P_6$ | 88.59 | 98.05 | $P_{18}$ | 398.16 | 398.16 | $P_{30}$ | 93.99 | 93.99 | $T_{13}$ | 180.74 | |
| $P_7$ | 259.45 | 260.12 | $P_{19}$ | 506.29 | 506.29 | $P_{31}$ | 160.91 | 148.03 | $T_{14}$ | −100.00 | |
| $P_8$ | 283.77 | 267.50 | $P_{20}$ | 506.29 | 506.29 | $P_{32}$ | 160.91 | 146.70 | $T_{23}$ | 6.99 | |
| $P_9$ | 283.77 | 267.51 | $P_{21}$ | 383.28 | 383.28 | $P_{33}$ | 160.91 | 147.79 | $T_{24}$ | −100.00 | |
| $P_{10}$ | 130.47 | 129.50 | $P_{22}$ | 383.28 | 383.28 | $P_{34}$ | 163.50 | 200.91 | $T_{34}$ | −100.00 | |
| $P_{11}$ | 189.08 | 189.08 | $P_{23}$ | 383.28 | 383.28 | $P_{35}$ | 163.50 | 200.91 | | | |
| $P_{12}$ | 189.08 | 189.08 | $P_{24}$ | 383.28 | 383.28 | $P_{36}$ | 163.50 | 200.91 | | | |

注：最小燃料成本：108724.45 美元/h；最小污染气体排放量：113131.72t/h；运行时间：31.98s。

　　$P$ 代表发电机出力，$T$ 代表联络线上传输的功率。

表 7-14　20 次独立运行时案例 3 最佳燃料成本（美元/h）、最佳污染气体排放量（t/h）
和最佳运行时间（s）的统计结果

| 项目 | 最大值 | 最小值 | 平均值 |
|---|---|---|---|
| 最佳燃料成本 | 109946.98 | 108724.45 | 109003.03 |
| 最佳污染气体排放量 | 118429.02 | 113131.72 | 114734.19 |
| 最佳运行时间 | 39.99 | 27.53 | 29.58 |

　　下面介绍 ELM-NSGA-Ⅲ可以获得什么性能，首先，图 7-13 所示为燃料成本和污染气体排放量的收敛曲线，在迭代初期，最优解趋向于快速收敛，这是由于 ELM-NSGA-Ⅲ具有全局搜索能力；其次，在迭代过程中，出现了很多微小波动，这是由于 ELM-NSGA-Ⅲ使用逻辑-指数-取模映射执行了精细化的局部寻优；最后，运行时间仅为 31.98s，由于代理模型的使用，目标函数的计算时间被大大减少。原来的目标函数与代理模型的平均运行时间的比较结果见表 7-15。综上所述，该案例进一步验证了所提算法可以减少接近真实工况的大规模高维度电力系统 MACEED 问题的计算时间。

表 7-15　案例 3 中原来的目标函数与代理模型的平均运行时间（单位为 s）

| 项目 | 原来的目标函数 | 代理模型 |
|---|---|---|
| 燃料成本 | $2.88 \times 10^{-5}$ | $5.69 \times 10^{-7}$ |
| 污染气体排放量 | $3.12 \times 10^{-5}$ | $2.69 \times 10^{-7}$ |

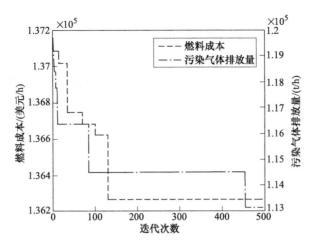

图 7-13　案例 3 中的燃料成本和污染气体排放量收敛曲线

### 7.4.4　案例 4：带有随机风能的测试系统仿真

为了进一步说明所提算法的有效性，案例 4 在原来的 4 区域 40 发电机测试系统上加入了随机风能，从而进一步增加了问题的复杂程度，其总负荷需求为 10500MW，由于增加了随机风能，发电成本的目标函数需要对应修改，见式（3-12）。

如图 7-14 所示，帕累托前沿上共有 20 个非支配解，高延展性帕累托前沿的生成无疑在保证调度可行的前提下提高了决策的灵活性，具体的发电机出力见表 7-16，最小发电成本为 128796.61 美元/h，最小污染气体排放量为 162161.14t/h，表 7-17 给出了与 EMA、PSO 和 GAEPSO 的对比。

在成本和排放两个方面的分析如下：首先，与 EMA、PSO 和 GAEPSO 相比，该算法的成本分别降低了 10.78%、9.34% 和 11.80%，排放分别减少了 6.05%、9.12% 和 5.87%，更重要的是，在实际电网中，可再生能源的加入将大幅度减少污染气体的排放，与案例 1 相比，污染气体排放量减少了 16.38%，因此，提高可再生能源的利用率是十分重要的，进一步来说，缓解当前的"弃风""弃光"现象迫在眉睫。综上所述，该算法快速

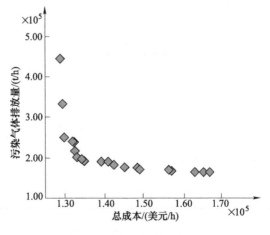

图 7-14　案例 4 的帕累托前沿

准确地得到了含随机风能的 MACEED 问题的最优帕累托前沿。

接下来分析所提算法能获得如此性能的原因。与 EMA、PSO 和 GAEPSO 相比，该算法的发电成本值更低，这得益于精细化的局部优化和全局搜索能力的综合利用，

具体来说，该算法能够找到更优的可行解。因此，该算法可以提升帕累托最优解的质量。更具体来看，案例 4 中的发电成本和污染气体排放量收敛曲线如图 7-15 所示。

在运行时间层面上，案例 4 得到帕累托最优前沿仅需 33.18s。可以看出，带有随机风能的 MACEED 问题仍然可以通过使用提出的代理模型进行可靠建模，为了说明代理模型的省时特性，表 7-18 给出了原来的目标函数与代理模型的运行时间比较结果，其平均运行时间由 10000 个独立测试获得，与原来的目标函数相比，代理模型的运行时间非常短。

表 7-16  案例 4 的仿真结果

| 项目 | 发电成本 | 污染气体排放 | 项目 | 发电成本 | 污染气体排放 | 项目 | 发电成本 | 污染气体排放 | 项目 | 发电成本 | 污染气体排放 |
|---|---|---|---|---|---|---|---|---|---|---|---|
| $P_1$ | 37.98 | 110.78 | $P_{12}$ | 315.28 | 278.12 | $P_{23}$ | 522.00 | 444.83 | $P_{34}$ | 164.51 | 191.97 |
| $P_2$ | 37.98 | 110.78 | $P_{13}$ | 389.19 | 357.89 | $P_{24}$ | 522.00 | 444.83 | $P_{35}$ | 164.51 | 191.97 |
| $P_3$ | 98.51 | 114.24 | $P_{14}$ | 397.04 | 357.89 | $P_{25}$ | 522.00 | 444.83 | $P_{36}$ | 164.51 | 191.97 |
| $P_4$ | 154.51 | 181.97 | $P_{15}$ | 397.04 | 357.89 | $P_{26}$ | 522.00 | 444.83 | $P_{37}$ | 91.62 | 103.51 |
| $P_5$ | 48.27 | 92.84 | $P_{16}$ | 397.04 | 357.89 | $P_{27}$ | 13.55 | 98.38 | $P_{38}$ | 91.62 | 103.51 |
| $P_6$ | 69.83 | 132.32 | $P_{17}$ | 440.83 | 402.31 | $P_{28}$ | 13.55 | 98.38 | $P_{39}$ | 91.62 | 103.51 |
| $P_7$ | 289.75 | 273.42 | $P_{18}$ | 440.83 | 402.31 | $P_{29}$ | 13.55 | 98.38 | $P_{40}$ | 518.49 | 439.22 |
| $P_8$ | 248.67 | 257.35 | $P_{19}$ | 518.49 | 439.22 | $P_{30}$ | 48.27 | 92.84 | $W_1$ | 11.78 | 72.38 |
| $P_9$ | 248.67 | 257.35 | $P_{20}$ | 518.49 | 439.22 | $P_{31}$ | 119.93 | 182.89 | $W_2$ | 11.78 | 72.38 |
| $P_{10}$ | 244.48 | 221.50 | $P_{21}$ | 522.00 | 444.83 | $P_{32}$ | 119.93 | 182.89 | | | |
| $P_{11}$ | 315.28 | 278.12 | $P_{22}$ | 522.00 | 444.83 | $P_{33}$ | 119.93 | 182.89 | | | |

注：最小发电成本：128796.61 美元/h；最小污染气体排放量：162161.14t/h；运行时间：33.18s。

表 7-17  案例 4 的对比结果

| 方法 | 最小发电成本/（美元/h） | 最小污染气体排放量（t/h） | 运行时间/s |
|---|---|---|---|
| ELM-NSGA-Ⅲ | 128796.61 | 162161.14 | 32.28 |
| EMA | 144356.00 | 172595.00 | — |
| PSO | 142068.00 | 178432.00 | — |
| GAEPSO | 146035.00 | 172268.00 | — |

表 7-18  案例 4 中原来的目标函数与代理模型的平均运行时间（单位为 s）

| | 原来的目标函数 | 代理模型 |
|---|---|---|
| 发电成本 | $6.36 \times 10^{-5}$ | $4.65 \times 10^{-7}$ |
| 污染气体排放量 | $8.69 \times 10^{-6}$ | $4.12 \times 10^{-7}$ |

为进一步揭示所提算法的有效性，表 7-19 给出了 20 次独立运行时的最佳发电成本、最佳污染气体排放量和最佳运行时间的统计结果。这进一步表明，将该算法应用

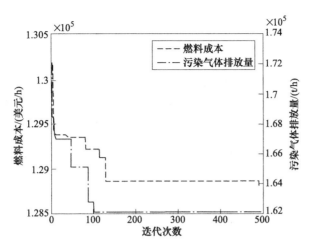

图 7-15　案例 4 中的发电成本和污染气体排放量收敛曲线

于计算昂贵的含可再生能源的 MACEED 问题，可以在获得较优的帕累托前沿的同时大大缩短计算时间。

表 7-19　20 次独立运行时案例 4 的最佳发电成本（美元/h）、最佳污染气体
排放量（t/h）和最佳运行时间（s）的统计结果

| | 最大值 | 最小值 | 平均值 |
|---|---|---|---|
| 最佳发电成本 | 136139.87 | 128796.61 | 130121.36 |
| 最佳污染气体排放量 | 165874.36 | 162161.14 | 163336.28 |
| 最佳运行时间 | 34.52 | 29.68 | 33.17 |

本章提供了一种快速的数据驱动代理辅助方法来解决大规模高维度 MACEED 问题。首先，本章提出了一种基于特征工程的 SVR 代理模型来替代原有的目标函数，与使用原来的目标函数相比，SVR 代理模型的使用显著缩短了计算时间；然后，本章利用知识蒸馏技术实现改进的 SVR 代理模型的冰冻和微调，在冰冻 SVR 教师模型的基础上，利用在线数据对其进行微调，从而获得在线 SVR 学生模型，知识蒸馏技术的使用大大减少了建立代理模型所需的时间；最后，本章提出了 ELM-NSGA-Ⅲ来获取大规模高维度 MACEED 问题的候选解，将原变异步长替换为指数-逻辑-取模映射，提高了算法的搜索能力，所提出的 ELM-NSGA-Ⅲ在测试函数和大规模高维度 MACEED 问题上都具有良好的收敛性和多样性。通过在 4 区域 40 发电机测试系统上进行仿真，验证了所提出算法的有效性，具体来说，该算法能够快速、准确地解决大规模高维度MACEED 问题。由于费时的约束处理也可以通过数据驱动代理辅助建模和知识蒸馏技术有效地解决，所以这个问题值得在未来进行深入研究。

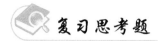

1. 本章所采用的 SVR 代理模型为什么具有良好的拟合能力？

2. 请结合 SVR 模型的特点，阐述为什么要在该模型的基础上进行改进？

3. 本章所述多区域联合经济/排放调度问题的特点是什么？

4. 为什么本章所解决的问题是一个计算昂贵问题？计算昂贵优化问题和传统优化问题有什么区别？

5. 本章提出的多目标蚁狮算法为什么适用于求解大规模经济调度问题？

6. 本章所提出的"单维度保留"模块，如何迁移到 3-6 章所述的各种蝙蝠算法中？

7. 本章使用的逻辑-指数-取整映射为什么更适用于 NSGA-Ⅲ？

8. 将迁移学习应用到电力系统多区域联合经济/排放调度问题中时，本章如何解决发电机维度不同的问题？

9. 请简述本章所提算法如何减少了调度优化的时间？

10. 试将本章所提 SVR 代理模型用克里金模型和人工神经网络模型分别替换，观察所得结果的区别。

11. 试使用第 4 章所提多目标蝙蝠算法求解本章所述 MACEED 问题。

# 参 考 文 献

［1］ZHANG L, KHISHE M, MOHAMMADI M, et al. Environmental economic dispatch optimization using niching penalized chimp algorithm ［J］. Energy, 2022, 261: 125259.

［2］SIU J Y, KUMAR N, PANDA S K. Command authentication using multiagent system for attacks on the economic dispatch problem ［J］. IEEE Transactions on Industry Applications, 2022, 58 (4): 4381-4393.

［3］LIU J, OU M, SUN X, et al. Implication of production tax credit on economic dispatch for electricity merchants with storage and wind farms ［J］. Applied Energy, 2022, 308: 118318.

［4］DENG Q, KANG Q, ZHANG L, et al. Objective space-based population generation to accelerate evolutionary algorithms for large-scale many-objective optimization ［J］. IEEE Transactions on Evolutionary Computation, 2022, 27 (2): 326-340.

［5］CHEN H, WU H, KAN T, et al. Low-carbon economic dispatch of integrated energysy stem containing electric hydrogen production based on VMD-GRU short-term wind power prediction ［J］. International Journal of Electrical Power & Energy Systems, 2023, 154: 109420.

［6］YAN N, MA G, LI X, et al. Low-carbon economic dispatch method for integrated energy system considering seasonal carbon flow dynamic balance ［J］. IEEE Transactions on Sustainable Energy, 2022, 14 (1): 576-586.

［7］YU F, GONG W, ZHEN H. A data-driven evolutionary algorithm with multi-evolutionary sampling strategy for expensive optimization ［J］. Knowledge-Based Systems, 2022, 242: 108436.

［8］HOSSEINI-HEMATI S, BEIGVAND S D, ABDI H, et al. Society-based grey wolf optimizer for largescale combined heat and power economic dispatch problem considering power losses ［J］. Applied Soft Computing, 2022, 117: 108351.

［9］DAI C, HU Z, SU Q. An adaptive hybrid backtracking search optimization algorithm for dynamic economic dispatch with valve-point effects ［J］. Energy, 2022, 239: 122461.

［10］DING L, LIN Z, SHI X, et al. Target-value-competition-based multi-agent deep reinforcement learning algorithm for distributed nonconvex economic dispatch ［J］. IEEE Transactions on Power Systems, 2022, 38 (1): 204-217.

［11］GANDOMI A H, YANG X. -S. Chaotic bat algorithm ［J］. Journal of Computational Science, 2014, 5 (2): 224-232.

［12］FAN G, LIN S, FENG X, et al. Stochastic economic dispatch of integrated transmission and distribution networks using distributed approximate dynamic programming ［J］. IEEE Systems Journal, 2022, 16 (4): 5985-5996.

［13］MENG A, ZENG C, XU X, et al. Decentralized power economic dispatch by distributed crisscross optimization in multi-agentsystem ［J］. Energy, 2022, 246: 123392.

［14］SHARF M, ROMM I, PALMAN M, et al. Economic dispatch of asingle micro gas turbine under CHP operation with uncertain demands ［J］. Applied Energy, 2022, 309: 118391.

[15] SHEZAN S A, ISHRAQUE M F, Muyeen S M, et al. Selection of the best dispatch strategy considering techno-economic and system stability analysis with optimalsizing [J]. Energy strategy reviews, 2022, 43: 100923.

[16] YAO X, LI W, PAN X, et al. Multimodal multi-objective evolutionary algorithm for multiple path planning [J]. Computers & Industrial Engineering, 2022, 169: 108145.

[17] WANG T, CHEN W, LI T, et al. Surrogate-assisted uncertainty modeling of embankment settlement [J]. Computers and Geotechnics, 2023, 159: 105498.

[18] YU M, LIANG J, WU Z, et al. A twofold infill criterion-driven heterogeneous ensemble surrogate-assisted evolutionary algorithm for computationally expensive problems [J]. Knowledge-Based Systems, 2022, 236: 107747.

[19] GOU J, SUN L, YU B, et al. Multilevel attention-based sample correlations for knowledge distillation [J]. IEEE Transactions on Industrial Informatics, 2022, 19 (5): 7099-7109.

[20] YE L, JIN Y, WANG K, et al. A multi-area intra-day dispatchstrategy for power systems under high share of renewable energy with power support capacity assessment [J]. Applied Energy, 2023, 351: 121866.